KROATIEN

Christoph Berg

Herausgegeben von
Sylva Harasim und Martin Schempp
in Zusammenarbeit mit RUKKA

Die Motorradreisebücher im
HIGHLIGHTSVERLAG

Inhalt

Quer durch Istrien

Eine landschaftlich und fahrerisch äußerst abwechslungsreiche Rundtour führt durch die wegen ihres italienischen und österreichischen Erbes auch kulturell faszinierende Halbinsel Istrien.

Die Halbinsel, die bis zum Ende des 2. Weltkrieges noch zu Italien gehörte, zählt heute zu den wohlhabendsten und landschaftlich abwechslungsreichsten Gegenden Kroatiens. Der stark touristisch geprägten und dicht besiedelten Küste folgt das mächtige Učka-Gebirge im Hinterland mit dicht bewaldeten und landwirtschaftlich intensiv genutzten Flächen bei geringer Bevölkerungsdichte.

Unsere Entdeckungstour beginnen wir in **Lovran**, einem mondänen Seebad mit echtem mittelalterlichem Altstadtkern »Stari grad« und prächtigen Villen aus dem vorigen Jahrhundert, die heute überwiegend als Hotels dienen. Eine Besonderheit im Ort ist der direkt an und über der Küste verlaufende Fußweg Lungomare, der sich über zwölf Kilometer von Lovran bis Preluk erstreckt und prächtige Aussichten auf das Meer, seine Inseln und die schönsten Villen direkt an der Küste bietet. Noch lieber haben wir allerdings zwei Räder und ein ordentliches Leistungspaket in unserer Obhut, und so schwingen wir uns in den Stattel und fahren Richtung Süden.

Zunächst ist die D 66 noch dicht bebaut, doch bald weichen die Häuser dichtem Baumbewuchs. Zwischen Zypressen, Pinien und Feigenbäumen schweift der Blick übers Meer bis zu den nahe gelegenen Kvarner Inseln Krk und Cres. Die Straße ist in einem guten Zustand, und die langen Kurven laden zu einer zügigen Gangart ein. Wir pas-

Pula ist die größte Stadt Istriens, ihr Wahrzeichen das sehr gut erhaltene römische Amphitheater.

sieren **Mošćenice**, einen beliebten, pittoresken Badeort mit breitem Kiesstrand und genießen die sich anschließende einsame Landschaft. Hinter **Brseč** gewinnen wir an Höhe und verlassen den bewaldeten Abschnitt. Die Insel Cres liegt zum Greifen nah uns zu Füßen. Eine Straße führt hinunter zum Fährhafen von **Brestova** zum Übersetzen nach Porozina auf Cres. Das ist die kürzeste Verbindung zwischen Insel und Festland. Wir heben uns Cres allerdings für den nächsten Tag auf und fahren weiter Richtung Pula. Vor uns liegt mit dem **Cap Flanona** einer der schönsten Aussichtspunkte an der Ostküste. 1970 ließ Tito, der damalige Staatschef von Jugoslawien, hier ein Hotel errichten, das einer fliegenden Untertasse gleicht. Obwohl 2010 gründlich renoviert, hat das Gebäude immer noch seinen sozialistischen Charme längst vergangener Tage bewahrt. Das Beste ist die Aussichtsterrasse, die den Blick weit über die Kvarner Bucht schweifen lässt. Auf der Insel Lošinj sticht die steil aufragende, 589 Meter hohe Televrina hervor. Zumindest ein Kaffeepäuschen sollte drin sein für diesen Ausblick. Oder gleich zum Essen und Übernachten bleiben.

Übernachten

Wer schon immer mal 225 Meter direkt über dem Abgrund übernachten wollte, liegt hier goldrichtig. ***Hotel Flanona,*** *ganzjährig geöffnet, DZ (inkl. Frühstück) 90 bis 120 Euro; Tel.: 052- 864 426, E-Mail: info@hotel-flanona.com.hr, www.hotel-flanona.com.hr.*

Es geht weiter, und wir folgen dem tief eingeschnittenen Fjord ins Landesinnere, umkurven das Kohlekraftwerk von **Plomin** mit seinem hässlichen 340 Meter hohen Schornstein und nehmen Kurs auf das Zentrum Istriens. Der Straßenbelag wird deutlich schlechter mit vielen Bodenwellen. Je näher wir der ehemaligen Bergarbeiterstadt Labin kommen, desto touristischer wird das

Oben: Mošćenice, ein pittoresker und beliebter Badeort an der Ostküste Istriens. Unten: Die idyllische Altstadt von Lovran ist unbedingt einen Bummel wert.

Umfeld, insbesondere was die zunehmende Dichte an Supermärkten und Tankstellen betrifft. In **Labin** lohnt sich dennoch ein Stopp. Die Altstadt thront auf einem 320 Meter hohen Felsen hoch über der geschäftigen Neustadt am Fuß des Hügels. Vom Hauptplatz Titov trg aus ist die Altstadt mit ihrer mittelalterlichen Stadtmauer und den engen Gässchen schnell erreichbar. Empfehlenswert ist die Besteigung des Glockenturms, von dem aus ein fantastischer Rundumblick von der Bucht bei Rabac bis zum Učka-Gebirge geboten wird.

Auf unserer »Route 66«, der D 66, folgen wir kurvenreich durch ein kiefernbewachsenes Seitental der Raša. Hinter dem gleichnamigen Ort durchqueren wir ein menschenleeres, weitläufiges Sumpfgebiet mit grasenden Schafen und Eseln. Hinter der Brücke über die Raša zieht die Strecke wieder an, und auf herrlichem Asphalt genießen wir die schnellen Kurven hoch nach **Barban**. Dahinter ändert sich die Land-

Pause mit Aussicht: Traumhafter Blick von Lovran auf die Kvarner Bucht, im Hintergrund das Küstengebirge.

Tipp

Die Geisterstadt Dvigrad

Als Parentino-Moncastello wurde das Dorf im 11. Jahrhundert n. Chr. gegründet. Unter venezianischer Herrschaft stehend, wurde es 1381 durch einen genuesischen Angriff zerstört. Aber erst im frühen 17. Jahrhundert, als die Usboken, Malaria und schließlich die Pest wüteten, verließen die letzten Bewohner das Dorf. Der Legende nach soll der britische Freibeuter Sir Henry Morgan (1635 - 1688) hier einen Teil seiner Beute versteckt haben. Deshalb wurde auch der Nachbarort Mrgani nach ihm benannt.

schaft wieder komplett. Die nächsten 20 Kilometer verlaufen, von wenigen Richtungswechseln abgesehen, nahezu bolzengerade durch einsames Wald- und Buschgebiet. Kurz vor dem Flughafen von Pula verlassen wir die Jadranska magistrala und biegen links ab in Richtung Valtura/ Medulin. Die Gegend wird landwirtschaftlich intensiv genutzt. Wir erreichen das einstige Fischerdörfchen **Medulin** und sind wieder am Meer. Die Caffe bar Piccolo am Jachthafen lädt zu einer Kaffeepause ein.

Wir nähern uns jetzt **Pula**, mit knapp 60.000 Einwohnern die größte Stadt Istriens. Schon bald erreichen wir die ersten Ausläufer Pulas und orientieren uns dabei immer Richtung Zentrum. Wir kommen vorbei an der Fußgängerzone, Marktständen und baumbestandenen Straßencafés. Unser Ziel ist jedoch das römische Amphitheater, das an das Kolosseum in Rom erinnert. Knapp 2.000 Jahre alt, ist das aus istrischem Kalkstein gebaute Theater noch sehr gut erhalten und dient heute für kulturelle Veranstaltungen von Klassik bis Rock. Ein Besuch lohnt sich auf jeden Fall (Eintritt: 10 Euro). Aufgrund seiner hervorragenden strategischen Lage war Pula

Das Amphitheater von Pula ist außergewöhnlich gut erhalten

ein wichtiger Hafen für das römische Reich. Und so sind neben dem Amphitheater noch viele weitere römische Gebäude über die Stadt verteilt und zu besichtigen.

Unser nächstes Ziel ist Rovinj, bekannt als die schönste Stadt Istriens. Dazu nehmen wir die D 21, den westlichen Abschnitt der Jadranska magistrala. Nach zirka 20 Kilometern zweigt bei **Bale** eine Straße nach links ab in Richtung **Rovinj**. Wir fahren bis zum Jacht-

Die schönsten Villen der Sommerfrische Lovran stehen direkt an der Uferpromenade.

hafen beim Hauptplatz, dem Trg maršala Tita am Fuße der Altstadt. Auf einer eiförmigen Halbinsel gelegen, ist sie auf jeden Fall einen Besuch wert. Bis zur Mitte des 18. Jahrhunderts stand sie noch auf einer Insel. Aufgrund der schnell wachsenden Bevölkerung fehlte jedoch bald der Platz, und so schüttete man die Meerenge einfach zu. An der Uferpromenade kann man einmal um die Altstadt herumgehen oder sich durch die engen Gässchen hoch arbeiten bis zur Basilika Sveta Eufemija, die der Schutzpatronin Rovinjs gewidmet ist.

Im krassen Gegensatz zum touristischen Treiben in Rovinj steht die Geisterstadt **Dvigrad**, etwa 21 Kilometer östlich von Rovinj. Hierzu fahren wir auf der D 303 in Richtung Rovinjsko Selo, dann weiter über die Autobahn A 9 in Richtung **Kafanar**. Direkt am Ortseingangsschild zweigt links ein Sträßchen ab. Von da sind es noch etwa drei Kilometer durch dichtes Buschwerk bis zum Parkplatz vor der Stadtmauer mit einem Eisentor. Seit 400 Jahren ist die Stadt verlassen. Geblieben sind rund 200 Gebäude, teilweise sehr gut erhalten.

Auf dem gleichen Weg fahren wir zurück über die Autobahn bis zum Abzweig bei **Brajkovići** und biegen ab in Richtung Vrsar. Wir nähern uns dem zehn Kilometer langen und 600 Meter breiten **Limski Kanal**, einem tief eingeschnittenen Flusstal, das bekannt ist für Muschelzucht und Bootstouren. In langen Kurven nähern wir uns dem Talgrund, wo ein Sträßchen zum Kanal links abzweigt. Wir fahren jedoch geradeaus weiter und gewinnen an der gegenüberliegenden Talseite wieder an Höhe. Am Fuß steil aufragender Felsen bekommen wir jetzt den Kanal zu Gesicht.

Eine Besichtigung des Amphitheaters von Pula sollte man sich nicht entgehen lassen.

Durch abwechslungsreiche Landschaft und recht dünn besiedeltes Gebiet steuern wir auf die Küste zu. Hinter **Vrsar** wird es wieder touristischer: Campingplätze reihen sich aneinander bis nach **Poreč**. Wie schon Rovinj, verfügt auch Poreč über eine sehenswerte

Tipp

*In der Region zwischen **Motovun** und **Buzet** werden die teuersten Trüffel gefunden. Mit einem 1,3 Kilo schweren Brocken, der im Motovuner Wald aufgespürt wurde, steht der Ort seit 1999 sogar im Guinness-Buch der Rekorde. Die wertvollsten Sorten werden mit bis zu 5.000 Euro/kg gehandelt. Wer also zwischen September und Dezember Heerscharen von Menschen mit Hunden im Wald begegnet, hat es vermutlich mit Trüffelsuchern zu tun. Motovun liegt rechts von der Straße. Gebührenpflichtige Parkplätze gibt es an der Straße. Motorradfahrer dürfen aber in der Regel gratis bis nach oben fahren.*

Altstadt mit vielen Lokalen und Geschäften.

Hinter Poreč verlassen wir die Westküste und schwenken nach Nordosten in Richtung Višnjan. Auf weitgehend gerader Strecke fahren wir zügig an bewirtschafteten Feldern vorbei und gewinnen allmählich an Höhe. Wir überqueren die Autobahn und biegen an der Einmündung in die D 21 links ab in Richtung **Vižinada**. Die Strecke wird kurven- und abwechslungsreicher, und es geht bergauf und bergab. Am Verkehrskreisel hinter der Brücke über die Mirna biegen wir rechts ab in Richtung Buzet und folgen dem Flüsschen. Dann nehmen wir Kurs auf **Motovun**, ein auf einer Kuppe gelegenes Dorf mit engen Gassen und 360-Grad-Panorama. Motovuns Spezialität sind die Trüffel.

Von Motovun geht es immer weiter an der Mirna entlang. Die Landschaft wird gebirgiger, wir wedeln genüsslich durch das idyllische Tal bis nach **Buzet**. Weiter bergauf durch ausgedehntes Waldgebiet. Dann beginnt der kurvenreiche Aufstieg bis auf 945 Meter, die wir kurz hinter dem Ort **Učka** erreichen. Durch herrlichen Mischwald vorbei an Ausblicken auf die Kvarner Bucht wiegen wir uns geschmeidig von einer Schräglage in die nächste nach **Veprinac**. Dahinter beginnt der anspruchsvollste Abschnitt der Tour: In vielen engen Kurven führt die Straße steil nach unten an die Küste – zehn Kilometer Fahrspaß. Unten an der Küstenstraße biegen wir rechts ab und absolvieren die letzten vier Kilometer nach **Lovran**.

Kurz-Check

Streckenlänge: *ca. 300 km.*
Charakter: *Einfach, landschaftlich und kurventechnisch sehr abwechslungsreiche und reizvolle Strecke ohne besondere Herausforderungen.*
Highlight: *Die elf Kilometer von Veprinac nach Lovran am Osthang der Učka-Gebirges sind die reinste Kurvenorgie mit ständigem Blick auf die Küste und die Inseln der Kvarner Bucht.*
Einkehr-Tipp: *Fisch vom Feinsten gibt es im Konoba Batelina, imulje 25, in Banjole nahe Pula (Reservierung empfohlen: Tel.: 052-573 767); Fleischiges bietet das Knezgrad, Trg Slobode 12, in Lovran (Tel.: 051-291 838).*
Absolutes Muss: *Besichtigung des römischen Amphitheaters in Pula, Schlendern durch die Altstadt von Rovinj.*

Übernachten

*Die **Villa Nada**, Lokva ulica 25 b in Lovran, bietet moderne, klimatisierte Zimmer mit Meer- und Bergblick, einen beheizten Pool, eine Gartenbar und überdachte Privatparkplätze. Das Frühstücksbuffet ist reichhaltig, es gibt sogar Gemüse aus eigenem Anbau. Nada und Goran betreiben ihr Gästehaus mit viel Leidenschaft. Sie kümmern sich mit Herzblut um ihre Gäste und geben ihnen wertvolle Tipps. Geöffnet von April bis Oktober. Preis für Doppelzimmer 114 - 164 Euro pro Tag inkl. Frühstück. Telefon 0099-3113099. Weitere Infos unter https://villanada.com.*

GPS-Track der Tour
auf www.highlights-verlag.de
gratis zum Download
Falk Verlag, D-73760 Ostfildern
Istra
Učka
Kvarner
Vela vrata
Nacionalni park
Brijuni
Jadranska Magistrala
Tunel Učka
5062m
Pazin
Buzet
Motovun
Rovinj
Vrsar
Poreč
Labin
Kršan
Plomin
Pula
Medulin
Vodnjan
Fažana
Premantura
Lupoglav
Mošćenička Draga
Limska draga
Limski zaljev
Kanfanar
Višnjan
Grožnjan
Istarske Toplice
Roč
Lindar
Gračišće
Pićan
Barban
Rabac
Raša
Svetvinčenat
Žminj
Bale
Marčana
Ližnjan
Rt Kamenjak
Fažanski kanal
Veli Brijun
Mali Brijun
Vanga
Sv. Petar u Šumi
Dvigrad
Lovran
Opatija

Rund um die Kvarner Bucht

Die quirlige Hafenstadt Rijeka, die sanfte Insel Krk, die karge Felseninsel Cres mit ihren einsamen Kiesstränden – auf dieser Tour lassen sich Landschaftsgenuss und Fahrspaß perfekt verbinden.

Geschützt durch die Gebirgsregionen des Učka im Westen und des Risnjak im Norden, hat sich auf dem Festland und auf den Inseln Krk, Cres und Lošinj die vielfältigste subtropische Fauna Kroatiens ausgebildet. Ein perfektes Straßennetz führt mitten hindurch.

Ausgangspunkt unserer Tour ist **Rijeka** aufgrund seiner strategisch günstigen Lage und wegen seines genialen Hotels direkt am Hafen. Die Stadt hat zirka 160.000 Einwohner und ist die drittgrößte Kroatiens nach Zagreb und Split. Sie besitzt den wichtigsten Industriehafen des Landes und hat auf den ersten Blick wenig touristisch Attraktives zu bieten. Auf den zweiten Blick aber offenbart sich ihr quirliges Zentrum mit vielen Restaurants, Kneipen und Prachtbauten aus der Ära der Österreichisch-Ungarischen Doppelmonarchie (k. u. k.-Ära genannt), als in der Region überwiegend deutsch gesprochen wurde.

Zunächst machen wir uns auf den Weg ins gebirgige Hinterland, bevor wir uns die Inseln vornehmen. Hierzu fahren wir in nördlicher Richtung auf der D 3 am Fluss Rječina entlang. Die Straße verläuft parallel zur A 7 und folgt später der A 6. Wir kommen nacheinander durch die Vororte Cernik, Čavle und Soboli. Hinter **Soboli** haben wir alle städtischen Besiedlungen hinter uns gelassen und gönnen uns etwas Drehzahl. Es folgt eine lange Gerade parallel zur Autobahn, und hinter der Mautstation erwartet uns ein erster Leckerbissen: das

Insel Cres: Hoch über dem Meer bietet das Küstensträßchen traumhafte Aussichten hinüber zum Festland.

Automotodrom Grobnik, auf dem bis 1990 der Große Preis von Jugoslawien im Rahmen der Motorrad-Weltmeisterschaft ausgetragen wurde. Seit dem Zerfall Jugoslawiens Anfang der 90er-Jahre finden hier zwar keine offiziellen internationalen Rennen mehr statt. Genutzt wird der 4,2 Kilometer lange Rundkurs jedoch nach wie vor als Teststrecke für die Automobilindustrie und für Privatfahrer so wie wir. Damit es sich lohnt, sollte man sich für den Trip einen extra Urlaubstag gönnen.

Weiter geht es in Richtung Zagreb. Am Ende der langen Gerade macht die Straße einen Linksknick und führt unter der Autobahn hindurch. Nun lässt sich das auf der Rennstrecke frisch Erlernte in die Praxis umsetzen. Denn es geht bergauf, und in langen Kurven arbeiten

Übernachten

Ein Architektur-Student hatte die Idee, der Onkel das nötige Kleingeld dazu: Fast 70 Jahre befuhr das 1936 in Dänemark gebaute Schiff diverse Fährpassagen, bis es 2005 ausgemustert wurde. Der Student hatte für seine Abschlussarbeit die Idee, ein Schiff zu einem preiswerten und originellen Hotel (ein sogenanntes »Botel«) umzubauen, das nun fest verzurrt mitten im Hafen von Rijeka vor Anker liegt. Wir haben es gecheckt und sind begeistert, sowohl was Preis/Leistung, als auch Ambiente, Sauberkeit, Originalität, Restaurant und Service betrifft.

***Botel Marina**, Adamićev gat, in Rijeka, ganzjährig geöffnet, DZ (inkl. Frühstück) 52 bis 67 Euro; Tel.: 051- 410 162, E-Mail: info@botel-marina.com, www.botelmarina.com.*

Botel Marina: Die 1936 gebaute Fähre liegt heute als Hotelschiff im Hafen von Rijeka.

wir uns genussvoll an den Ausläufern des Risnjak-Gebirges ab. Im Nu gewinnen wir 600 Meter an Höhe. Der Asphalt ist zwar mehrfach geflickt, aber griffig. Die Strecke verläuft übersichtlich, sodass wir Zeit und Muße für die phänomenale Aussicht haben. Nach ungefähr 15 Kilometern zweigt rechts ein Sträßchen ab nach **Fužine**. Es führt uns wieder bergab, mitten durch ein dichtes Mischwaldgebiet. Die Strecke bleibt griffig, wird aber zunehmend welliger. Keine Menschenseele ist zu sehen. Der Wald lichtet sich, und wir durchstreifen pure Schwarzwald-Idylle, bis sich die Autobahnbrücke der A 6 zunehmend ins Bild schiebt und so gar nicht in diese Landschaft passen will. Unser Sträßchen

Auf der Rennstrecke Grobnik kann man als Privatfahrer ohne Gegenverkehr die Ideallinie üben.

quetscht sich gerade so zwischen zwei Pfeilern hindurch und führt dann weiter beschaulich am See entlang.

Wir kommen vorbei an netten Picknickstellen, die zu einer kleinen Rast einladen, und landen schließlich in **Fužine**. Mitten im Ort und am Ende des Stausees bietet sich eine Tankstelle noch zu einem kurzen Stopp an, bevor wir am Ende der Straße nach rechts in Richtung Crikvenica abbiegen. Wir nehmen Kurs auf die größte Insel Kroatiens, Krk. Ein tolles Panoramasträßchen macht uns weiterhin viel Fahrfreude, wir pendeln von einem Berghang zum nächsten, ohne vermeintlich klares Ziel. In **Hreljin** endet unser Sahnesträßchen. Wir biegen links ab, weiter in Richtung Crikvenica. Landschaftlich ebenfalls reizvoll bietet sich uns bald ein spektakulärer Blick von oben auf die Autobahn, die sich mühsam durch Tunnels und über Viadukte an der Küste nach Südosten voranarbeitet, um die berühmte Küstenstraße Jadranska magistrala zu entlasten.

Tipp

Das Automotodrom Grobnik

Als Alternative zum benachbarten Stadtkurs Preluk wurde das Automotodrom 1977 als dauerhafte Einrichtung gebaut. So war sichergestellt, dass von 1978 bis 1990 internationale Motorradrennen des Motorweltverbandes (FIM) stattfinden konnten, die auch Weltmeisterschaften austrugen. Traurige Aufmerksamkeit erlangte der Kurs am 17. Juni 1990, als der Amtzeller Reinhold Roth als amtierender Vize-Weltmeister in der 250er-Klasse schwer verunglückte. Heute finden nur noch Auto- und Motorradrennen von regionaler Bedeutung statt. Jedoch kann jeder Privatfahrer sich anmelden und an seiner Ideallinie arbeiten, wenn gerade keine Rennen stattfinden. Startgebühr ab 100 Euro; Automotodrom Grobnik, Soboli 55, in Čavle, Tel.: 051-259 222, www.grobnik.hr

In **Križišće** biegen wir nochmals scharf rechts ab, überqueren in der Folge zwei neu angelegte Kreisel und biegen am Ende der Straße links ab in Richtung Obilazak. Willkommen auf der Küstenstraße, die sich gleich durch jede Menge Verkehr bemerkbar macht. Wir bleiben aber nicht lange, sondern biegen gleich wieder nach rechts ab in Richtung Otok Krk. Nun ist es nicht mehr weit bis zur 1980 gebauten Doppelbrücke rüber auf die Insel. Wer sich vorher einen schönen Blick von unten auf die Brücke ergattern will, biegt kurz davor nach rechts ab zur Baie Črišnjevo. Ansonsten weiter geradeaus. Und inzwischen ohne die Geldbörse zu zücken: Seit Juni 2020 kostet die Brücke keine Maut mehr und kann nun kostenfrei befahren werden.

Auf **Krk** leben 20.000 feste Einwohner. In der Saison kommen noch eine Vielzahl an Besuchern auf die überaus beliebte Ferieninsel, die sich vor allem auf die Kiesstrände an den Küsten verteilen. Der Empfang am Ende der Brücke ist eher schroff: Nackter Fels streckt sich uns beim Erstkontakt mit der Insel entgegen. Wir nehmen Fahrt

Nackter Fels streckt sich uns auf der Insel Krk entgegen

auf und kommen auf der weitgehend geraden und übersichtlichen Strecke zügig auf dem Weg nach Süden voran. Vor **Malinska** wird die Landschaft allmählich abwechslungsreicher und grüner. Hinweisschilder verweisen auf Hotels, Campingplätze und Restaurants. Nach zirka 28 Kilometer haben wir den Fährhafen bei **Valbiska** erreicht.

Seit 1980 verbindet eine kühn geschwungene Doppelbrücke die Insel Krk mit dem Festland.

Nun sind wir gespannt auf die nächste Kvarner Insel. Cres ist mit Krk nicht zu vergleichen: geringe Besiedlung, deutlich weniger Tourismus, stärkere Landschaftsgliederung. Der höchste Berg ist der Gorice mit 648 Meter. Nach dem Anlegen erklimmen wir auch gleich die erste Anhöhe. In einem weiten Rechtsbogen durch Gestrüpp und menschenleere Natur nähern wir uns der Stadt **Cres**, gelegen in einer wunderschönen windgeschützten Bucht. Knapp 3.000 Einwohner leben dauerhaft in diesem schmucken Städtchen, das vom venezianischen Baustil geprägt ist und im 15. Jahrhundert entstand. In einem der gemütlichen Straßencafés genießen wir die Ruhe und das sanfte Schlagen der Wellen an die Kaimauer.

Nachdem wir zwei Drittel der Bucht umrundet haben, biegen wir rechts ab auf einen Abstecher nach Lubenice. Hoch über dem Meer bietet die einsame Panoramastraße herrliche Ausblicke auf Cres' Westküste und die Valuner Bucht. Das immer enger werdende Sträßchen endet an einem Parkplatz direkt bei **Lubenice**. Im über 4.000 Jahre alten Ort mit dem wuchtigen Glockenturm leben nur noch wenige Einwohner. Die Besonderheit von Lubenice ist seine Lage, 378 Meter steil über der Küste mit fantastischem Blick über die Adria. Wer ein bisschen Bewegung sucht, kann den Abhang hinabwandern zu einigen der schönsten Kieselstrände, die sonst von Jachten aus angesteuert werden. Oder er beobachtet die Gänsegeierkolonie, die sich im Schutz der Steilküste pudelwohl fühlt. Auf dem Rückweg könnte man theoretisch an der Westseite des Vransko-Sees auf einer gut befahrbaren Erd-

Die Fähre von Krk nach Cres wartet schon.

Tipp

Fährüberfahrt mit der Reederei Jadrolinija

Die kroatische Reederei verbindet die meisten Inseln untereinander und zum Festland, auch nach Italien. Die aktuellen Fahrpläne kann man sich unter www.jadrolinija.hr\de auch auf Deutsch herunterladen. Das Einchecken läuft entspannt wie beim Kinokartenkauf. Kurz vor dem Anlegen der Fähre öffnet das Ticket-Office. Man kauft die Karten und zeigt sie beim Auffahren auf das Schiff einem der Angestellten.

Das Schiff von Valbiska (Krk) nach Merag (Cres) und zurück fährt ungefähr alle eineinhalbStunden von morgens 5.45 Uhr bis Mitternacht und ist zirka 45 Minuten unterwegs. Die Preise für die Überfahrt liegen bei etwa 3,45 Euro pro Person und rund 7,20 Euro pro Motorrad .

piste weiter nach Süden fahren, doch diese Strecke ist für den Verkehr gesperrt. Also fahren wir zurück bis zur D 100 und biegen rechts ab in Richtung Mali Lošinj. Das sind zwar noch 45 Kilometer, aber die vergehen wie im Fluge, denn die Strecke mit vielen langen und übersichtlichen Kurven bei kaum Gegenverkehr verträgt eine großzügige Gashand. Links am Horizont erkennen wir die vierte Kvarner Insel, Rab. Vor uns schiebt sich allmählich der gewaltige Bergrücken der fast 600 Meter hohen Televrina auf Lošinj ins Bild.

Kurz-Check

Streckenlänge: *ca. 352 km.*
Charakter: *Einfach; jede Insel hat ihren eigenen Charakter, dadurch viel Abwechslung mit sehr gutem Straßennetz.*
Highlight: *Ein paar Runden drehen auf dem 4.168 m langen Kurs des Automotodroms Grobnik nördlich von Rijeka.*
Einkehr-Tipp: *Kroatische Fisch- und Fleischgerichte (auch Vegetarisches) zu günstigen Preisen in einmaliger Atmosphäre auf dem Boot-Hotel Botel, Adamićev gat, in Rijeka (Reservierung empfohlen: Tel.: 051-410 162); Fisch und anderes bietet das Baracuda, Priko ulica 31, in Mali-Lošinj (Tel.: 051-233 309).*
Absolutes Muss: *Phantasievolle Cocktails schlürfen und dabei auf römischen Ausgrabungen sitzen in der Volsonis Cocktail-Bar, Vela placa 8, in Krk-Stadt (Tel.: 051-880 249); www.volsonis.hr.*

In **Osor** verlassen wir Cres. Das verschlafene Dörfchen war im Mittelalter Bischofs- und Verwaltungssitz der venezianischer Herrscher. Aufgrund seiner strategischen Lage war Osor auch für Griechen und Römer eine bedeutende Stadt mit allerlei Tempeln, Theater und Forum. Cres und Lošinj waren früher direkt miteinander verbunden. Doch bereits die Römer ließen einen Kanal bauen, der kleineren Schiffen die Durchfahrt ermöglichte. Der Kanal existiert heute noch, eine stählerne Drehbrücke lässt zwei Mal pro Tag an dem nur wenige Meter breiten Inselübergang Schiffe passieren.

Die dichter besiedelte Insel **Lošinj** ist landschaftlich stärker gegliedert als ihre große Schwester. Sie hat schöne Buchten, an denen die Straße streckenweise direkt am Meer entlang verläuft. Das Wasser ist extrem flach, und überall lugen kleine Inselchen aus dem Meer, was die Umgebung besonders sehenswert macht. Auf dem Weg nach Mali Lošinj kommen wir an einer gut entwickelten touristischen Infrastruktur vorbei. Dementsprechend viel los ist am Hafen von **Mali Lošinj** mit seinen schönen Cafés und teuren Restaurants. Aber unter Palmen die Mole entlangzuschlendern hat auch seinen Reiz.

Zurück nach Krk fahren wir auf dem gleichen Weg. In **Merag** geht es wieder auf die Fähre. Auf Krk angekommen gönnen wir uns einen Abstecher nach **Krk-Stadt**, wo noch viele Reste römischer Kultur zu sehen sind. Über das ebenfalls sehr sehenswerte **Vrbnik**, das hoch auf einem Felsen über der beschaulichen Bucht liegt, fahren wir über **Omišali** zurück aufs Festland.

Rijecki Zaljev
Vela vrata
Srednja vrata
Krk
Cres
Lošinj
Rab
Kvarnerić
Lošinjski kanal
Vinodolski kanal
RIJEKA
Opatija
Crikvenica
Novi Vinodolski
Senj
Mali Lošinj
Plavnik
Prvić
Goli Otok
Sv. Grgur
81
GPS-Track der Tour
auf www.highlights-verlag.de
gratis zum Download
Falk Verlag, D-73760 Ostfildern

Lika und Plitvicer Seen

Wer optisch spektakuläre Küstenstrecken und fahrerisch anspruchsvolle Passstraßen bevorzugt, der ist in der dünn besiedelten Region Lika goldrichtig.

Zwei Regionen, wie sie unterschiedlicher kaum sein können. Im Westen und an der Küste dominieren karge Vegetation und Mittelmeerklima. Östlich des Velebit-Gebirges herrscht alpines Klima mit ausgedehnten Wäldern und dünner Besiedlung. Verbunden ist das Ganze durch ein kleines, aber feines Wegenetz, ideal für Freunde der gepflegten Schräglage.

Unsere Tour beginnt in **Senj**, einem über 2.000 Jahre alten Städtchen, das bereits den Römern als strategischer Hafen am Fuße des wichtigen Handelsweges über den Vratnik-Pass diente. Dementsprechend heiß umkämpft war die Region über Jahrhunderte hinweg. Im 16. Jahrhundert hatten die Usboken hier das Sagen, ein Piratenvolk, das aus seiner ursprünglichen Heimat in Ostkroatien, Bosnien und Herzegowina vertrieben wurde. Sie hinterließen die eindrucksvolle und vollständig restaurierte Festung Nehaj auf einem Hügel über der Stadt. Neben einem Museum über die Usboken bietet die Burg ein Restaurant und den schönsten Blick über die Stadt und die Region.

Wir starten in Richtung Süden auf der legendären Jadranska magistrala (siehe Infokasten). Der Küstenabschnitt zählt zu den spektakulärsten Kroatiens. Das Velebit-Gebirge fällt schroff ab ins Meer, und beim Umkurven gewaltiger Felsen kommt mächtig Fahrspaß auf. Kurz hinter **Sveti Juraj** verlässt die D 8 die unmittelbare Küstenlinie. Das Gelände flacht etwas ab, und die Strecke

Die Passstraße ins Velebit-Gebirge glänzt nicht nur mit astreinen Serpentinen, sondern auch mit herausragenden Panoramen.

wird moderater. Unsere Blicke schweifen über das Meer. Unmittelbar vor der Küste erkennen wir die nahezu vegetationslosen Inseln Goli Otok und Sveti Grgur. Sie sind das Alcatraz Europas. Von 1949 bis 1988 wurden sie als Hochsicherheitsgefängnisse für Gegner des damaligen Tito-Regimes genutzt. Die Männer auf der einen Insel, die Frauen auf der anderen mussten in den Lagern Schwerstarbeit verrichten. Seit 1989 sind die Inseln komplett verlassen und können per Fähre von Rab-Stadt und

Übernachten

*Die **Pansion Jure** in Krasno, Kula 165, mit Restaurant **Konoba Jure**, bietet ein sehr gutes Preis-Leistungs-Verhältnis in sauberen Zimmern und idyllischer Umgebung; www.konoba-sobe-jure.com.hr; DZ (inkl. Frühstück) 49 bis 56 Euro;*

Lopar aus in der Saison besichtigt werden. Die Insel Rab, die auch noch zur Kvarner Inselgruppe zählt, rückt immer näher ins Bild. Am nächsten kommt sie dem Festland bei **Stinico**, von wo aus unsere Fähre übersetzt.

Am Hinweisschild zum Fährhafen biegen wir rechts ab und fahren hinunter zur Küste. Der Ticketkauf erfolgt problemlos, und bald sitzen wir auf dem Schiff nach Mišnjak. Dort erwartet uns die reinste Mondlandschaft. Die ist dem eiskalten kräftigen Fallwind Bura zu verdanken, der vom Velebit herunterweht. An diesem Ort kann man sich nur schwer vorstellen, dass **Rab** zu den grünsten und beliebtesten kroatischen Inseln zählt. Eine Besonderheit sind hier auch einige der wenigen Sandstrände Kroatiens.

Zügig lassen wir die anderen Bootsankömmlinge hinter uns und folgen der einzigen gut ausgebauten Straße. Nach wenigen Kilometern sieht die Welt schon etwas freundlicher aus. Erste Vegetation breitet sich aus. Der Einfluss

Oben: Blick von der Festung Nehaj auf die Hafenstadt Senj. Unten: Die eindrucksvolle Jadranska magistrala gehört zu den besten Traumstraßen der Welt.

des Kamenjak-Gebirges macht sich bemerkbar. Das Bollwerk schützt den Südwesten der Insel vor den kalten Bura-Winden und hat somit wesentlichen Anteil am Insel-Idyll. Die schmale Insel Dolin verläuft parallel zur Route und suggeriert einen Flussarm zwischen uns und der Insel. Auf der Höhe von **Rab-Stadt** weist ein braunes Schild den Weg zum Kamenjak, einem 410 Meter hohen Gipfel, zu dem eine steile Schotterpiste hinaufführt. Sie ist gut befahrbar und stellt für erfahrene Biker keine besondere Herausforderung dar. Wir gönnen uns den Abstecher, denn er bietet ein grandioses Rundum-Panorama über die Kvarner Inseln, den Velebit und auf Rab-Stadt mit seinen vier signifikanten Kirchtürmen.

Wieder zurück auf der Hauptstraße fahren wir weiter bis **Lopar**. Die sich nach Norden anschließende Halbinsel bietet einige verträumte Sand- und Kiesbuchten, die jedoch nur zu Fuß erreichbar sind oder per Boot. Direkt bei Lopar befindet sich der Paradiesstrand (Sand!)

Nordafrika lässt grüßen: Die Bura, ein eiskalter kräftiger Fallwind ist dafür verantwortlich, dass die Südspitze der Insel Rab einer Mondlandschaft gleicht.

Tipp

Auf den Spuren der roten Zora

Der deutsche Kinderbuchautor Kurt Kläber (Pseudonym Kurt Held, 1897 - 1959) verliebte sich in die schmucke Küstenstadt Senj und lernte dort das Mädchen Zora kennen. Das inspirierte ihn dazu, der kleinen Bandenführerin mit ihren knallroten Haaren ein kleines literarisches Denkmal zu setzen und sie und ihre Bande in seinem Roman all die Geschichten erleben zu lassen, die er aufgeschnappt hatte. Das Buch wurde mehrfach verfilmt, unter anderem Ende der 70er-Jahre in einer 13-teiligen Fernsehserie, die auch in Senj gedreht wurde. Eine Broschüre bei der Touristeninfo führt zu den Original-Drehorten.

mit einem riesigen Campingplatz (Camping San Marino). Auch FKK wird hier betrieben. Schließlich gilt die Insel Rab als Wiege des Naturisten-Tourismus in Kroatien.

Auf dem Rückweg zur Fähre gönnen wir uns noch einen Abstecher nach **Rab-Stadt**, der unbedingt zu empfehlen ist. Am lang gestreckten Hafenbereich finden sich eine Vielzahl schicker Cafés mit Sitzgelegenheiten unter Palmen oder weit ausladenden Schirmen. Mit seinen schmuck herausgeputzten Häusern zählt die Stadt zu den schönsten in Nord-Kroatien. Direkt hinter der Uferpromenade präsentiert sich die Altstadt nicht minder attraktiv: An drei Seiten vom Meer umgeben, bietet sie immer wieder tolle Fotomotive und Tiefblicke auf das Meer. Besonderes Merkmal der Altstadt sind die vier Glockentürme. Der Turm der St. Johanneskirche kann bestiegen werden und zeigt eine tolle Aussicht.

Wieder zurück auf dem Festland fahren wir hoch zur D 8, biegen dort links ab und gleich wieder rechts hoch in Richtung Štirovača. Die folgende Passauffahrt gehört zu den schönsten Panoramastrecken Kroatiens. Das schmale, keine drei Meter breite Sträßchen ist mehrfach geflickt und verleitet nicht gerade zum Aufstellen neuer Streckenbestzeiten. Dafür bleibt Muße für die Schönheit der Landschaft. Unter uns glitzert das Meer, aus dem unzählige Inseln und Inselchen herauslugen. Über uns türmt sich der Velebit-Gebirgszug bedrohlich auf, und unser Sträßchen bringt uns tapfer weiter nach oben. Immer wieder halten wir an und können uns kaum satt sehen, machen Fotos, und weiter geht's.

Eine der faszinierendsten Panoramastrecken Kroatiens

Eine Schotterpiste erklimmt von Rab-Stadt aus den 410 Meter hohen Gipfel des Kamenjak.

Allmählich werden die Kuppen flacher, wir nähern uns dem **Veliki Alen-Pass,** erkennbar an einem Naturparkplatz, hinter dem gleich das Informationszentrum des Nationalparks folgt. Wir passieren die Schranke, die nur zur Wintersperre geschlossen ist und tauchen ein in dichtes Waldgebiet. Bald endet die Asphaltstraße und geht über in eine Schotterpiste, die problemlos zu befahren ist. Nur eben ein wenig langsamer und staubiger. Der Wald bietet immer wieder lichte Passagen, die den Blick auf Hochweiden mit Natursteinmauern freigeben. Wir befinden uns auf über 1.000 Meter Höhe, um uns herum herrscht frisches Gebirgsklima.

Nach einigen Kilometern mündet unsere Piste bei einem Forsthaus wieder in eine asphaltierte Straße. Wir biegen links ab und nehmen Kurs auf Krasno. Wie eine Schlange windet sich das schmale Sträßchen durch den dichten Mischwald. Nach rund 14 Kilometern verlassen wir den Wald und kommen nach **Krasno**, das bekannt ist für hervorragenden selbstgemachten Käse. Und tatsächlich: Kurz nach dem Ortseingangsschild von Krasno zweigt links ein Sträßchen ab in Richtung Anići. Wir folgen ihm ein paar hundert Meter und entdecken in einer Linkskurve rechts ein Eckhaus mit dem Hinweisschild »Mini-Sirana« (auf Deutsch: kleine Molkerei). Sieht schon mal gut aus. Wir gehen hinein und werden in einem improvisierten Verkaufsraum sofort mit allerlei köstlichen Käsesorten aus Kuh-, Ziegen- und Schafsmilch verköstigt. Schließlich packen wir unsere Koffer voll und sind erstmal versorgt mit Käse-Snacks für die nächsten Tage.

Die Plitvicer Seen sind ein absolutes Muss!

Tipp

Die Jadranska magistrala

In den 60er- und 70er-Jahren wurde die über 1.000 km lange Küstenstraße in teilweise schwierigstem Gelände gebaut. Sie gilt als eine der schönsten Panoramastrecken der Welt und reicht von Triest in Italien bis Ulcinj im Süden Montenegros, kurz vor der albanischen Grenze, und ist Teil der Europastraße E 65. Der größte Teil verläuft auf kroatischem Staatsgebiet und trägt ab Rijeka die Bezeichnung D 8. Aufgrund vieler tödlicher Unfälle war die Strecke bis weit in die 80er-Jahre berüchtigt. Doch behutsame Verbreiterungen und Eliminierung neuralgischer Gefahrenherde haben die Straße sicherer gemacht ohne ihren Charme zu zerstören. Die parallel verlaufende Autobahn hat zusätzlich für Entspannung gesorgt. So ist die Strecke weiterhin eine der schönsten und legendären Traumstraßen der Welt.

Zurück auf der Hauptstraße warten zwei Varianten: Wer spät dran ist, biegt links ab Richtung Senj. Eine landschaftlich begeisternde Straße führt hinunter an die Küste nach **Sveti Juraj**. Von dort ist es nicht mehr weit bis Senj.

Wir haben jedoch Zeit und biegen rechts ab in Richtung **Otočac**. Auf dem Weg durch den weitläufigen Ort wartet

Kurz-Check

Streckenlänge: *ca. 210 km.*
Charakter: *Mittelschwer; hier ist für jeden etwas dabei. Schnelle Wedelstrecken, enge Waldsträßchen, aussichtsreiche Passstraßen und auch ein kurzer nicht asphaltierter Abschnitt, der jedoch problemlos befahrbar ist.*
Highlight: *Die spektakuläre Passauffahrt von der Küste in den Nationalpark Nördlicher Velebit.*
Einkehr-Tipp: *In traumhafter Mittelgebirgsumgebung lockt das Konoba Jure in Krasno, Kula 165, mit kroatischen Grillspezialitäten zum Niederknien; Tel.: 053-851 100.*
Absolutes Muss: *Besichtigung der Stadt Rab auf der gleichnamigen Insel. Auf einer kleinen Halbinsel befindet sich die von einer imposanten Stadtmauer umgebene, über 2.000 Jahre alte Handelsstadt. Mondän restaurierte Gebäude mit schicken Cafés am Hafen und enge, winkelige Gässchen in der Altstadt sorgen für ein einmaliges Flair und Urlaubsstimmung pur. Das wusste auch bereits der britische König Edward VIII., der ganz in der Nähe seinen Urlaub verbrachte.*

Übernachten

Hotel Art *in Senj direkt am Meer, Obala kralja Zvonimira 15, ist zwar einfach und mit kleinen Zimmern ausgestattet, aber der Blick morgens auf den Hafen hat etwas. Die Bediensteten sind sehr bemüht und hilfsbereit; Tel.: 053-884 377; DZ (inkl. Frühstück) 88 bis 118 Euro; www.hotel-art-senj.com*
Zum Après-Tour über die Straße in die Cocktailbar Konoba mit Außenterrasse.

eine weitere Käserei, die »Sirana Runolist«, die Molkerei Edelweiß. Die folgenden 15 Kilometer sind wieder geprägt von Kurven und Fahrtwind satt. Die gut asphaltierte Straße glänzt mit wenig Verkehr, weitläufigen, einsehbaren Richtungswechseln und wunderschönen Wald- und Wiesenlandschaften. So pendeln wir dahin, bis wir an einer Kreuzung mit einer großen Tankstelle in der Nähe von Otočac nach links auf die D 50 abbiegen.

Der verschlungene Straßenverlauf ändert sich nicht. An einer Einmündung wechseln wir auf die D 23. Nach wie vor kommen wir zügig voran, streifen durch eine vor allem landwirtschaftlich genutzte Hochebene und gewinnen allmählich an Höhe, bis wir den **Vratnik-Pass** erreichen. Dieser strategisch wichtige 700 Meter hohe Pass ist eine der Hauptverbindungen durch das Velebit-Gebirge. Hinter dem Pass geht es steil bergab. Endlich haben wir wieder das Meer vor Augen. In engen Haarnadelkurven nähern wir uns der Küste, und bald ist **Senj** erreicht.

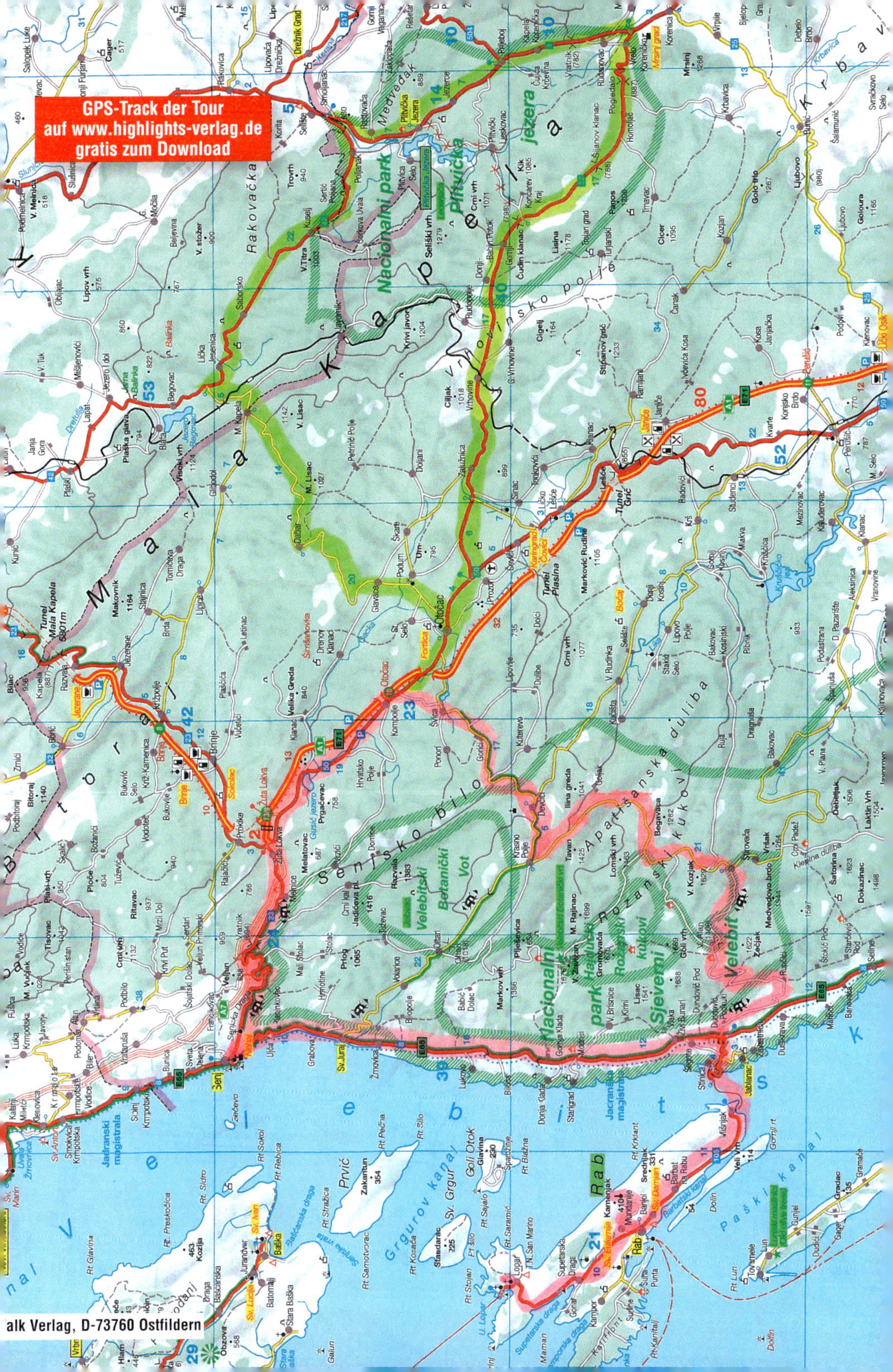

GPS-Track der Tour
auf www.highlights-verlag.de
gratis zum Download
Nacionalni park
Plitvička jezera
Kapela
Mala Kapela
Tunel Mala Kapela
Rakovačka
Senjsko bilo
Velebitski Botanički Vrt
Nacionalni park Sjeverni Velebit
Hajdučki Rožanski kukovi
Velebit
Apatišanska duliba
Krbava
Otočac
Brinje
Senj
Rab
Jablanac
Prvić
Grgurov kanal
Paški kanal
Goli Otok
Baška
alk Verlag, D-73760 Ostfildern

Zum Schatz im Silbersee

Es müssen nicht immer die Niagarafälle oder die Wasserfälle von Iguazu sein - in Kroatien warten die schönsten Kaskaden Europas.

Erinnern Sie sich an die Schatzhöhle in dem Karl-May-Film »Der Schatz im Silbersee«? Oder an die Szene in »Winnetou 3«, als Winnetou, gespielt von Pierre Brice, todesmutig sich an einen Baumstamm klammernd den Wasserfall am Bärenfluss hinabstürzt, um den Banditen zu entkommen? Dann könnte Ihnen die eine oder andere Stelle an den Plitvicer Seen bekannt vorkommen. Denn dort wurden diese Szenen gedreht. Kein Wunder, dass Regisseur Harald Reinl damals im Jahr 1962 die Gegend um Kroatiens bekanntestes und schönstes Naturschauspiel für seine Dreharbeiten ausgesucht hatte – wer vom Parkplatz den schmalen Fußweg entlanggeht und zum ersten Mal den Blick auf die unten in der Schlucht glitzernden Seen wirft, ist wie gebannt von diesem Schauspiel aus hellgrauen Kalkfelsen, dunkelgrünen Laubbäumen und türkisfarbenem Wasser.

Die insgesamt 16 Seen (zwölf obere und vier untere) bildeten sich auf einer Länge von neun Kilometern durch den Zusammenfluss mehrerer Bäche sowie durch unterirdische Karstzuflüsse. Der Höhenunterschied des Geländes und natürliche Barrieren sorgten für den Rest, und so stürzt sich ein See in mehr oder weniger hohen Kaskaden hinab zum nächsten. Die größte Kaskade, der Wasserfall Veliki slap, ist mit einer Fallhöhe von 78 Metern Kroatiens höchster Wasserfall.

Um die Seen zu erwandern, hat der Besucher neun verschieden Routen zur Auswahl. Wie die meisten beginnt auch der Klassiker am Haupteingang eins: Man folgt auf romantischen Holzstegen und Bohlenwegen den Seen bergauf von unten nach oben und nimmt für den Rückweg das mehrmals in der Stunde verkehrende Pendelboot. Verhungern muss man unterwegs nicht, da an den Eingängen und am Bootsanleger Selbstbedienungsrestaurants und Kioske warten. Dauer der Tour: einen halben Tag.

Auf Holzstegen wandert man zwischen den türkisgrünen Seen hindurch

Der Abstecher zu den Plitvicer Seen startet bei Otocac und macht aus der eintägigen Tour 3 eine Zweitagestour. Die Route führt rund 140 Kilometer lang auf einsamen Sträßchen durch das menschenleere Kapela-Gebirge und ist an sich schon eine Reise wert. Sehr gut gegessen und übernachtet haben wir im altgedienten und mit reichlich sozialistischer Patina überzogenen Hotel Jezero direkt am Eingang Nummer zwei (Tel.: 053-751500, https://np-plitvicka-jezera.hr.). Weitere empfehlenswerte und günstige Privatunterkünfte gibt es in den Dörfern rund um den Park.

Wer mit dem Zelt reist, übernachtet auf dem Campingplatz des Plitvice Holiday Resort in dem Ort Grabovac und fährt mit dem kostenlosen Shuttlebus zu den Seen. Weitere Informationen unter www.plitvice.com.

Neun unterschiedliche Wandertouren führen auf lzstegen und Waldwegen durch das Seengebiet.

Die beiden sind von den Plitvicer Seen begeistert: Autor Christoph Berg und Sohn Frederik.

Rund um Zadar

Auf einsamen, kurvenreichen Sträßchen geht es von der Insel Pag hinüber in den Nationalpark Paklenica, ins Land von Winnetou und Old Shatterhand.

Im Westen die quirlige Partyinsel Pag, nur wenige Kilometer nach Osten die menschenleeren Höhen des Velebit-Gebirges und zum Abschluss das sympathische Städtchen Zadar - das sind die Kennzeichen einer fahrerisch und landschaftlich äußerst spannenden Tagestour durch den Norden Dalmatiens.

Hämmernde Bässe, Sonne, Strand und Käse. So lauten die wesentlichen Merkmale von **Pag**. Die 60 Kilometer lange, karge Insel wirkt auf den ersten Blick landschaftlich wenig attraktiv, punktet aber dafür mit wunderschönen Stränden, vor allem im Norden um **Novalja**. Der berühmteste unter ihnen heißt Zrće und liegt 3,5 Kilometer östlich des Städtchens. Im Sommer wird die Bucht zum Mekka der Feierwütigen. Gleich mehrere Clubs direkt am Strand bieten von Ende Mai bis Ende September Dauerbeschallung rund um die Uhr.

Von Novalja aus nehmen wir Kurs auf Pag-Stadt. Dabei kommen wir über **Kolan**, die Käse-Hauptstadt der Insel. Die Straße ist breit und griffig. Lange Kurven gewährleisten zügiges Fortkommen. Bei **Šimuni** fahren wir nochmals an ein paar schönen Badebuchten vorbei, bevor wir in einem großen Bogen auf Pag-Stadt zusteuern. Von einer Kuppe blicken wir zum gigantischen Velebit-Gebirge, das sich auf dem Festland wie ein felsgewordener Tsunami bedrohlich hinter dem Städtchen **Pag** aufbaut. Obwohl bereits fast 1.000 Jahre alt, wirkt der 4.000-Seelen-Ort seltsam steril. Vielleicht liegt es am Grundriss,

In Prizna wartet schon die Fähre, die das Festland mit der Nordspitze der Insel Pag verbindet.

der einst am Reißbrett entstand, oder an den neuen Gebäuden, die die Uferpromenade säumen? Nette Cafés laden dennoch zum kurzen Cappuccino-Break ein, bevor wir uns auf die Weiterreise begeben. Die Landschaft bietet außer ausgedehnten Weideflächen und Salz-Salinen wenig Attraktives fürs Auge. Das macht der Streckenverlauf wieder wett, indem er uns am Drehzahlmesser freies Geleit lässt. In sanften Schwüngen gleitet die D 106 in südostliche Richtung, ab **Dinjiška** direkt am Küstensaum. Was wie ein breiter Fluss aussieht, ist nur einer der vielen tief eingeschnittenen Meeresarme, die typisch sind für Pag. Die Vegetation zieht sich zunehmend zurück, was auf den Einfluss des kalten Bura-Windes zurückzuführen ist. Bald haben wir die spektakuläre 340 Meter lange Brücke Paški most erreicht, die die Insel im Südosten mit dem Festland verbindet.

Unser Tipp für die Fährüberfahrt nach Pag: Das Schiff von Prizna nach Žigljen (Pag) und zurück fährt je nach

Paški Sir – der berühmteste Käse Kroatiens

Diesen Käse kann man in ganz Kroatien kaufen. Aber nur auf Pag wird der echte hergestellt. Denn nur hier gibt es diesen speziellen Mix aus Kräuter- und Salzwiesen, der von den 28.000 Schafen zu einer besonders aromatischen Milch und weiter zu Käse verarbeitet wird. Ähnlich wie beim Gouda, auch wegen der Konsistenz, nimmt die Würze (und der Preis) mit dem Alter zu. Hochburgen der Herstellung sind die Orte Pag-Stadt, Novalja und vor allem Kolan. Dort kann man den Käse in unterschiedlichsten Varianten direkt vom Erzeuger kosten und vor allem kaufen.

Saison alle 60 bis 90 Minuten von morgens 5.45 Uhr bis 23.45 Uhr und ist ungefähr 30 Minuten unterwegs. Die Preise liegen bei etwa 3,30 Euro pro Person und 6 Euro pro Motorrad. Infos unter www.jadrolinija.hr.

Auf dem Festland bleibt der Straßenverlauf geschmeidig und stellt keine besonderen Herausforderungen. Die Vegetation nimmt allmählich wieder zu. Bald unterqueren wir die Autobahn A 1 und fahren bis zum Ende der Straße. Dort biegen wir links ab auf die Jadranska magistrala in Richtung Starigrad und rollen am wunderschön gelegenen Novigrader Meer entlang. Das ist eine Art Lagune, die vom Zrmanja-Fluss gespeist wird und eine schmale Verbin-

Die Kräuter- und Salzwiesen von Pag liefern einen einmaligen Käse, den es so nur auf der Insel gibt.

Lang gezogene Kurven führen auf der Insel Pag an traumhaften Badebuchten vorüber.

dung zum Meer hat, die wir bald auf einer knallroten Stahlbrücke überqueren. Direkt nach der Unterquerung der Autobahn geht es rechts ab wieder auf die Küstenstraße und weiter Richtung **Starigrad**. Das reizende Städtchen ist ein Muss für alle Kinofans, die sich dort in einem Museum über die Dreharbeiten der Karl-May-Filme informieren können. Bekanntlich ritt der Film-Winnetou ja nicht durch Amerika, sondern durch das Karstgebirge Kroatiens.

Nördlich von Starigrad schmiegt sich die Küstenstraße eng an die Felsausläufer des Velebit. Wir sind nun direkt im Nationalpark Paklenica unterhalb des höchsten Berges, des 1.757 Meter hohen Vaganski vrh. Der Straßenbelag ist vom Feinsten und bietet perfekten Grip. Der Kurvenspaß passt, weil jede kleine Bucht ausgefahren wird. Wir passieren mehrere verschlafene Dörfer mit kleinen Häfen und genießen den Blick übers Meer bis zur Ostflanke der Insel Pag.

Tipp

Nikola Tesla (1856 - 1943)

Nein, er hat nicht die bekannte Elektro-Automarke gegründet, aber ihm zu Ehren wurde sie nach ihm benannt, wie auch ein Mondkrater, ein Asteroid, der Belgrader Flughafen, eine physikalische Einheit, usw. Sein Konterfei ziert den serbischen 100-Dinar-Schein (Tesla war ein serbisch stammender Kroate und gilt in beiden Ländern als Volksheld). Er war Physiker, Elektroingenieur und vor allem Erfinder. So meldete er insgesamt 280 Patente an. Seine wichtigste Erfindung war der Zweiphasenwechselstrom, der heute noch in Nordamerika durch die Haushalte fließt. Geboren wurde er im Dorf Smiljan, nahe Gospic. Sein unscheinbares Elternhaus wurde in ein Museum umgewandelt und kann besichtigt werden. Memolrijalni centar Nikola Tesla, Smiljan 87/1. Weitere Infos unter www.mcnikolatesla.hr.

Übernachten

*Das **Hotel Boškinac**, Škopaljska Ulica 220, bei Novalja ist ein ruhiges Kleinod auf der Partyinsel Pag in wunderschöner Waldrandlage mit Weinbergen. Preislich im gehobenen Segment angesiedelt, bietet es neben einem Pool einen hervorragenden Weinkeller (Weinprobe) und ein elegantes Restaurant. Unbedingt sollte man den Gegić-Wein probieren, den es weltweit nur hier gibt. DZ (inkl. Frühstück 220 bis 380 Euro; Tel.: 053-663 500. www.boskinac.com.*

Bis **Karlobag** wedeln wir gemütlich die Jadranska magistrala entlang. Dort verlassen wir die D 8 und biegen rechts ab in Richtung Gospić.

Freunde der gepflegten Schräglagen kommen nun auf ihre Kosten, denn in engen Serpentinen geht es bergauf, mitten hinein in das Velebit-Gebirge. Mit jedem Höhenmeter nimmt die fantastische Aussicht auf die kroatische Küste zu. Auf einer bewaldeten Hochebene erreichen wir wieder die Mittelgebirgsklimazone und pendeln am Hang des Suvaja-Tals auf perfektem Straßenbelag bergab nach **Brušane**. Der durch Felderwirtschaft geprägten Ebene folgen wir bis zum Ende der Straße und biegen dann nach rechts ab in Richtung **Gospić**. Danach geht es halblinks auf ein Sträßchen, das uns zum Tesla-Museum führt, dem Geburtshaus des vielleicht berühmtesten Kroaten nach Tito.

Wir fahren wieder ein Stück zurück und kommen durch Gospić, die Haupt-

Romantik pur: Unzählige idyllische Inseln liegen vor Kroatiens Küste.

stadt der Region Lika. Es ist ein kleines gemütliches Städtchen, das im Bürgerkrieg Anfang der 90er-Jahre heftig umkämpft war. Davon sieht man heute jedoch kaum noch etwas. Unser Tipp: Hier unbedingt tanken.

Wir lassen Gospić hinter uns und cruisen weiter gemütlich durch die landwirtschaftlich genutzte Hochebene, die durchsetzt ist mit einigen Waldflächen und flankiert wird vom Velebit. Kaum vorstellbar, dass wir nur wenige Kilometer von der Mittelmeer-Küste entfernt sind. Wir überqueren die friedlich vor sich hin plätschernde Lika, die der Region ihren Namen gab. So geht es die nächsten 40 Kilometer durch kaum besiedeltes Gebiet. Üppiges Grün säumt die Straße, wir entspannen für die bevorstehende Abfahrt an die Küste, die hinter **Gračac** beginnt. Dort endet die D 50 und wir biegen rechts ab auf die D 27 in Richtung Zadar. Entlang des Westhanges des 1.402 Meter hohen Velici Crnopac gewinnen wir schnell an Höhe. Ein in den Fels gesprengter Tunnel markiert den Pass. Achtung: Dahinter wartet der fahrerisch attraktivste Abschnitt der heutigen Tour.

Auf perfekter Ideallinie wedeln wir durch die lang gezogenen Kurven, kein Auto weit und breit. Die herrliche Passstraße bietet nebenbei einen atemberaubenden Blick in die Tiefe des Zrmanja-Tals – was für ein Spaß! Wir genießen die Fahrt und nähern uns allmählich dem Talgrund, den wir bei **Zaton** erreichen. Hier biegen wir rechts ab auf die D 54 in Richtung Zadar. Lange Geraden ziehen sich nun durchs Land bis zum Horizont. Wir wähnen uns im Wilden Westen, was ja auch fast stimmt, denkt man

»Gruß an die Sonne« nennt sich eine faszinierende Lichtinstallation in Zadar.

Tipp

Auf Winnetous Spuren

Zwischen 1962 und 1968 lag der Wilde Westen im ehemaligen Jugoslawien. Damals reichten die Budgets der Filmstudios nicht aus für Dreharbeiten in Amerika. Also begnügte man sich mit der »Low-Cost«-Variante und drehte kurzerhand an den Plitvicer Seen (Erstling war Der Schatz im Silbersee) und rund um den Nationalpark Paklenica, der mit seinen weißen Kalkfelsen die perfekte Western-Kulisse bot. Den Fluss Zrmanja benannte man in Rio Pecos um. Nach dem überwältigenden Erfolg des ersten Streifens entstanden am Ende elf Karl-May-Verfilmungen in Kroatien. Im Bluesun Holiday Village Alan, Dr. Franje Tuđmana 14, in Starigrad, nächtigten einst neben dem Filmteam auch die Helden Pierre Brice und Lex Barker. Daran erinnert heute ein dort eingerichtetes Winnetou-Museum. www.holiday-village-alan.com.

an die Karl-May-Filme, die in der Region gedreht wurden.

Allmählich rückt wieder das Novigrader Meer ins Blickfeld, aus schöner Halbhöhenlage haben wir einen weiten Blick über dieses Binnenmeer. Nach sieben Kilometern zweigt eine kurze Schotterpiste links zum Pueblo-Vinetu ab. Dort kämpfte Old Shatterhand gegen Winnetous Vater um sein Leben (traumhafte Aussicht).

Am Ende der D 54 treffen wir wieder auf die D 8 und folgen ihr die letzten 30 Kilometer bis nach Zadar.

Mit 75.000 Einwohnern ist **Zadar** die fünftgrößte Stadt Kroatiens und eine der sympathischsten. Denn die Universitätsstadt lebt auch außerhalb der Tourismussaison. Zwei besondere Highlights befinden sich am westlichen Ende der Uferpromenade: Der Architekt Nikola Bašić baute hier 2005 eine Meeresorgel, die über die an die Mauer schlagenden Wellen aus 35 Pfeifen und Flöten tolle Töne zaubert. Hier zu sitzen hat schon fast etwas Meditatives. Direkt daneben installierte der Architekt drei Jahre später seinen »Gruß an die Sonne«, eine rund 20 Meter im Durchmesser fassende Glasplattform mit darunter liegenden LED-Platinen. Tagsüber außer Betrieb, erwacht sie bei Sonnenuntergang zum Leben und schickt bunte Lichtreflexe an die Besucher, die staunend auf ihr herumtrampeln. Am besten hat uns das Ledana, direkt gegenüber des Restaurants Pet Bunara, gefallen, eine Cocktail-Bar oft mit Live-Musik mitten im Park Perivoj kraljice Jelene Madijevke. Ein toller Ausklang einer fantastischen Tour.

Übernachten

*Das **B&B-Hotel Liburnum**, Put Plovanije 15a, in Zadar, liegt in einem Wohngebiet und bietet schöne helle Zimmer plus Swimming-Pool. Reichhaltiges Frühstück, Wäscheservice. Tina und Klaudio Dokoza sprechen perfekt deutsch und haben sich ganz auf Biker eingestellt; Tel.: 098-180 09 01, DZ (inkl. Frühstück) 80 bis 150 Euro. www.villa-liburnum.eu.*

Kurz-Check

Streckenlänge: *ca. 304 km.*

Charakter: *Mittelschwer; schnelle, gerade Passagen wechseln sich mit kurvigen Passstraßen ab und bieten dabei viel Natur und Abwechslung.*

Highlight: *Die kurvenreiche Panoramastraße von Gračac nach Zaton.*

Einkehr-Tipp: *In der Altstadt bietet das Pet Bunara in Zadar, Stratico ulica 1, hervorragende kroatische Fleisch- und Fischspezialitäten in geschmackvollen Räumen sowie auf einer heimeligen Terrasse; Tel.: 023-224010; https://petbunara.com.*

Absolutes Muss: *Käse kaufen im Shop der Familie Gligora in Kolan auf Pag, Figurica 20, direkt an der D 106 von Novalja nach Pag-Stadt. Die Familie stellt unter anderem den berühmten Paški-Sir-Käse her, mit dem sie 2015 in Birmingham beim World Cheese Award gegen 2.600 Wettbewerber in drei Kategorien zweimal Silber und einmal Super Gold gewannen. Auch im eigenen Webshop erhältlich unter www.gligora.com.*

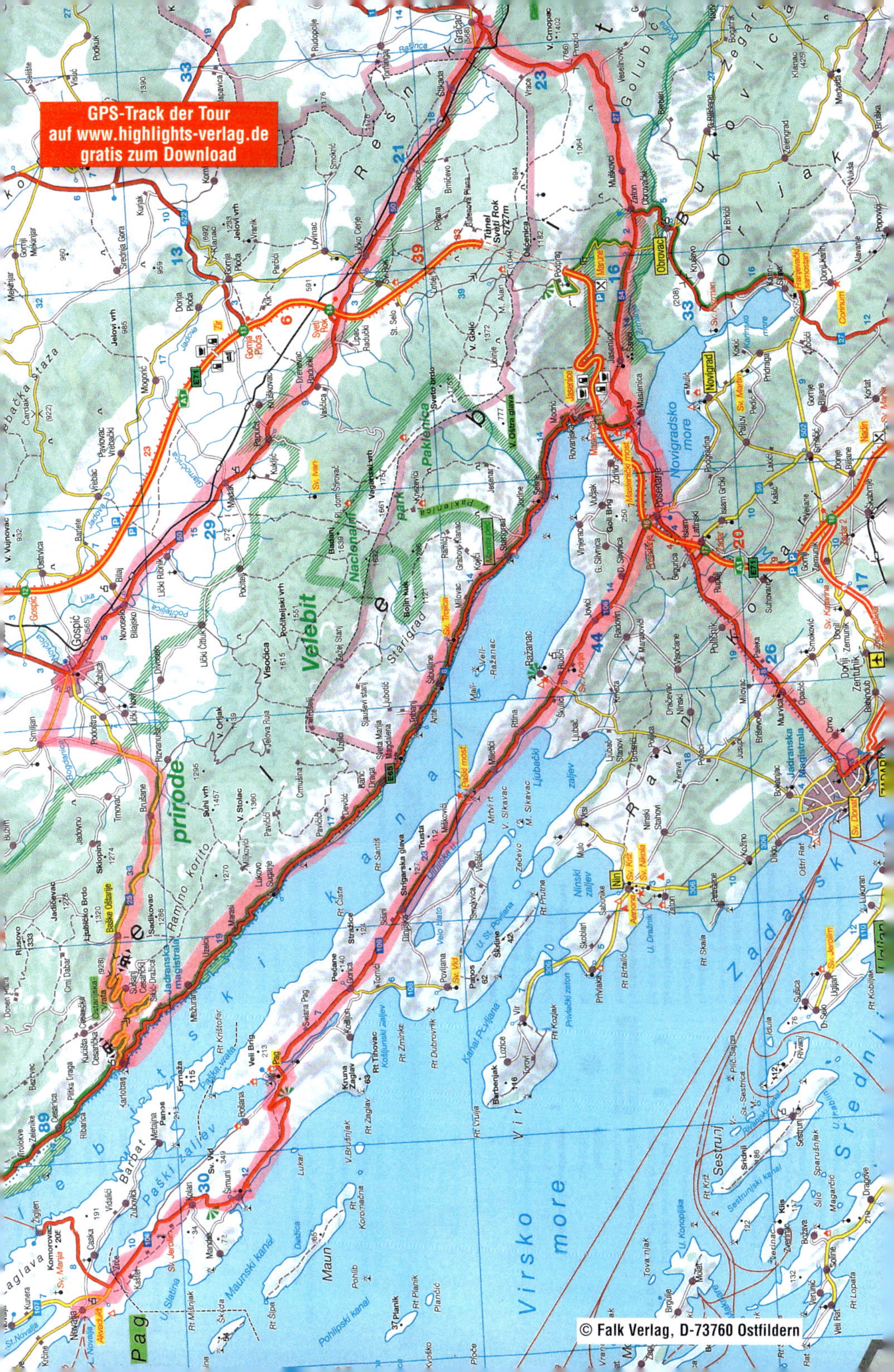
GPS-Track der Tour
auf www.highlights-verlag.de
gratis zum Download
Velebit
Nacionalni park Paklenica
Novigradsko more
Obrovac
Novigrad
Gospić
Starigrad
Pag
Virsko more
Paški zaljev
Ljubački zaljev
Nin
Posedarje
Maslenički most
Paški most
Karlobag
Baške Oštarije
Jadranska magistrala
Zadarski kanal
Velebitski kanal
Tunel Sveti Rok 5727m
© Falk Verlag, D-73760 Ostfildern

Šibenik und der Nationalpark Krka

Nord-Dalmatien überrascht mit Gegensätzen - am Meer warten quirlige Badeorte mit feinen Stränden, im Hinterland herrlich einsame Motorradsträßchen.

Nirgendwo in Kroatien liegen unbeschwerter Hochtourismus und Elend eines brutal geführten Bürgerkriegs so nah beieinander wie in der Region zwischen Zadar und Knin. Und mittendrin befindet sich der Nationalpark Krka, der zu den landschaftlichen Highlights des Landes gehört.

Bevor wir uns auf den Weg machen zu einer vergleichsweise eher gemächlichen Tour, erliegen wir noch einmal dem Charme der Küstenstadt **Zadar**. Es ist Markt in der Altstadt, und auf den Ständen werden viele kulinarische Kostbarkeiten des Landes präsentiert: zentnerweise Obst, Gemüse, geräucherter Schinken, frischer Fisch, und natürlich darf der Nationalkäse Paški Sir nicht fehlen. Hier mal probieren, dort mal schnuppern, gehört alles dazu. Wir decken uns mit Käse und Obst als Proviant für die Fahrt ein. Beim Schlendern durch die mittelalterliche Altstadt entdecken wir eine weitere typische Landesspezialität: Pager Spitzen. Decken, Tücher, Schals, die nicht gehäkelt oder gestrickt werden, sondern genäht. Diese besondere Nähkunst hat es immerhin bis zum Weltkulturerbe bei der UNESCO geschafft. Spätestens seit dem Ende des Bürgerkriegs vor 20 Jahren stehen landestypische Traditionen wieder besonders hoch im Kurs.

Auf der zunächst vierspurigen D 8 verlassen wir Zadar in südöstlicher Richtung. Landschaftlich und kurventechnisch kann die sogenannte Zadarska rivijera nicht mit dem spektakulären

Die Wasserfälle Skradinski buk - hier überwindet die Krka in zwei Stufen einen Höhenunterschied von 300 Metern.

Verlauf der Jadranska magistrala nördlich von Zadar mithalten. Dafür gibt es hier die besseren Bademöglichkeiten, was sich auch an der bis Biograd na Moru deutlich zunehmenden Anzahl an Bettenburgen und Campingplätzen ablesen lässt. Die nächsten Kilometer verlaufen fast kerzengerade auf einwandfreiem Belag. Trotz viel Verkehr kommen wir zügig voran. Die Landschaft ist grün und von niedrigem Bewuchs. Dazwischen schweift der Blick über die schmale Wasserstraße bis zur vorgelagerten, nur wenige Kilometer schmalen Insel Pašman, zu der man von **Biograd na Moru** mit der Fähre übersetzen kann. Der Ort hat städtebaulich wenig Attraktives zu bieten, dafür im Stadtgebiet einen attraktiven Feinkiesstrand.

Bei **Pakoštane** erreichen wir mit dem 300 Hektar großen Vransko jezero den größten Natursee Kroatiens. Aufgrund seines Fischreichtums ist er vor allem bei Anglern und Wasservögeln beliebt.

Der mittelalterliche Kern des überaus sympathischen Zadar ist immer einen ausgedehnten Bummel wert.

Der Kroatienkrieg (1991 - 1995)

Aufgrund einer langen Wirtschaftskrise in Jugoslawien in den 80er-Jahren geriet die Zentralregierung in Belgrad zunehmend unter Druck und es kam zu Autonomiebestrebungen in den einzelnen Regionen, was letztlich zur Loslösung Kroatiens vom Staatenbund führte. Die 600.000 in Kroatien lebenden Serben fühlten sich zunehmend diskriminiert, was zu vereinzelten Aggressionen zwischen kroatischen Serben und Kroaten führte. Schließlich mündete das Bestreben zu mehr Selbstbestimmung Ende 1991 in der Gründung der Republik Serbische Krajina, die sich geographisch auf einem Gebiet westlich der heutigen Grenze zu Bosnien-Herzegowina bis ungefähr zur Autobahn A 1 bis nach Karlovac erstreckte. Hinzu kamen später weitere Gebiete in Ost- und West-Slawonien. Hauptstadt war Knin. Bereits zuvor begannen in dieser Region sogenannte »ethnische Säuberungen«, bei denen dort lebende Kroaten vertrieben, inhaftiert oder ermordet wurden mit dem Ziel, eine serbische Bevölkerungsmehrheit zu schaffen. 1992 erfolgte die Anerkennung der Souveränität Kroatiens durch den westlichen Staatenbund, was der selbsternannten Republik Serbische Krajina versagt blieb. Mit westlicher militärischer Unterstützung eroberte die kroatische Armee im Rahmen der Operation »Oluja« (Sturm) schließlich 1995 die abtrünnige Republik zurück, was in der Folge wiederum zu Vertreibungen und Racheakten gegenüber den kroatischen Serben führte. Heute leben noch etwa 120.000 Serben in Kroatien. Die Wunden sitzen jedoch immer noch tief, und der innere Friedensprozess ist noch lange nicht abgeschlossen.

Wer sich für Vogelbeobachtung interessiert oder einfach nur mal die Ruhe einer unverbrauchten Landschaft genießen möchte, kann von Pakoštane aus ein ornithologisches Reservat am westlichen Ende des Sees besuchen. Auf Holzstegen läuft man über das versumpfte Ufer und kommt an mehreren Hochständen vorbei, von denen man einen idyllischen Blick über den See und seine Flora und Fauna hat. Der Zugang erfolgt über eine Erdpiste direkt hinter dem schattigen Campingplatz Crkvine.

Es folgen wieder einige zügig befahrbare, kerzengerade Abschnitte an der Küste bis zum quirligen **Vodice**, das sich vor allem bei Partyjüngern großer Beliebtheit erfreut. Aber auch die Sand- und Feinkiesstrände zwischen Tribunj im Westen und Srima im Osten sind empfehlenswert. Weiter auf Šibenik zufahrend, biegen wir hinter Vodice nach einer lang gezogenen Linkskurve links ab auf die D 27 in Richtung Benkovac. Die Straße bleibt in einwandfreiem Zustand, die Landschaft menschenleer und die Hand am Gas. Wir fahren zunächst bolzengerade nach Nordwesten. Hier und da eine sanfte Kurve, ansonsten unendliche Weiten. Fehlt nur noch, dass Winnetou auf seinem schwarzen Rappen neben uns herreitet. Dann wäre es die perfekte Westernkulisse. Von Tourismus keine Spur mehr. So geht das über eine Strecke von 15 Kilometern bis zum Abzweig auf die D 59 in Richtung Autobahn Zagreb, der wir nach rechts folgen. Bewirtschaftete Felder sorgen für eine gewisse landschaftliche Abwechslung. Kurventechnisch sind wir weiterhin etwas unterfordert.

Nach einer Kuppe öffnet sich ein Weitblick über eine einsame Ebene soweit das Auge reicht. Erinnerungen an kalifornische Steppen mit unendlichen Weiten werden wach. Doch die Idylle trügt: Am Straßenrand entdecken wir zunehmend Warnschilder mit einem Totenkopf und der Aufschrift »ne prilazite« (nicht weitergehen). Uns wird schlagartig bewusst, dass wir uns im Frontgebiet des ehemaligen Bürgerkriegs befinden, der vor über30 Jahren in dieser Region mit aller Härte und Brutalität geführt wurde.

Beschuss-Schäden an Häuserfronten - die Spuren des 1995 beendeten Bürgerkriegs sind noch immer zu sehen.

Mit einem mulmigen Gefühl fahren wir weiter. In den Dörfern am Wegrand sind die Zerstörungen teilweise noch erkennbar. Die Strecke wird nun etwas kurviger und fokussiert uns wieder auf unsere Ideallinie. Die letzten drei Kilometer vor der Einmündung in die D 56 bringen wir auf festem Schotter (»Makadam«) hinter uns, was keine Probleme bereitet. Wir biegen links ab in Richtung **Bribirske Mostine** und danach gleich wieder links in Richtung Benkovac. Vor uns liegen die Hochebene Bukovica und eine Panoramastrecke, die uns vorbeiführt an Weinbergen, Streuobst-Wiesen, Feldern und kleineren Waldungen. Die Aussicht reicht bis zum Horizont. In sanften Schwüngen zieht sich die Straße mitten hindurch; eine Strecke zum Genießen. Kleine, unscheinbare Dörfer ziehen an uns vorbei. Der einzige größere nennenswerte Ort mit rund 12.000 Einwohnern ist **Benkovac**. Vor dem Bürgerkrieg lebten hier fast 80 Prozent Serben, der Rest waren Kroaten. Übrig geblieben sind noch zirka 14 Prozent Serben. Der Ort lebt von Ackerbau und Viehwirtschaft und vor allem von seinem Steinbruch. Der dort abgebaute Kalkstein findet Verwendung in ganz Kroatien für Gehweg- und Terrassen-Platten. An der ersten Ampel-Kreuzung in Benkovac biegen wir rechts ab auf die D 27 (kein Ortshinweis!).

Übernachten

*Das **Heritage Hotel Armerun**, 6 Obala palih omladinaca, in Šibenik, befindet sich in einem ehemaligen Klostergebäude direkt an der Uferpromenade. Kostenlose Tiefgarage, tolles Frühstück (auch glutenfrei). DZ (inkl. Frühst.) 126 bis 307 Euro. https://armerun.com.*

Wieder ein perfektes Sträßchen, das uns weiter nach Norden zu den beiden Binnenmeeren von Karin und Novigrad führt. Hinter der namengebenden Ortschaft **Karin** biegen wir am Ende der Straße rechts ab in Richtung Obrovac. Die Strecke gewinnt schnell an Höhe, und bald haben wir einen phänomenalen Blick über das Karinsko more und das Novigradsko more mit den östlichen Ausläufern des Velebit-Gebirges im

Überall in Kroatien verkaufen die Bauern am Straßenrand sehr gutes Obst und Gemüse.

Hintergrund. Wir nähern uns der Zrmanja-Schlucht und verlassen die D 27 oberhalb von Obrovac. Der Asphalt ist zwar inzwischen in die Jahre gekommen, aber die Piste bleibt griffig, während wir uns kurvenreich durch den gebirgigen Teil der Bukovica mehrere hundert Höhenmeter nach oben arbeiten.

Wir kommen nach **Zelengrad**. Einst lebten dort über 700 serbische Einwohner - nach 1995 kein einziger mehr. Erst nach und nach kamen die Menschen zurück. 44 sind es heute. Ergebnis eines sinnlosen Krieges. Überall sieht man Zerstörung in einer traumhaft schönen Landschaft mit sanften Hügeln und Fernsichten nach allen Seiten auf einer Straße, die sich lustvoll dazwischen hindurchwindet. Extremer kann ein Kontrast kaum ausfallen.

Am Ende der Straße biegen wir nach links ab in Richtung Kistanje. Wir sind wieder in einer Ebene angelangt, die Straßenführung streckt sich wieder. Begleitet von Natursteinmauern haben wir **Kistanje** am Rand des Krka-Nationalparks bald erreicht. Mitten im Ort biegen wir rechts ab in Richtung Zadar. Nach unspektakulären acht Kilometern orientieren wir uns links und fahren durch **Varivode**, wo an der serbischen Bevölkerung ein weiteres Massaker angerichtet wurde. Am Ortsende geht es links ab, wir rollen über Smrdelje bis nach **Laškovica** und biegen rechts ab in Richtung Skradin, unser nächstes Ziel. Die Strecke ist nach einer langen Geraden nun wieder ausgesprochen reizvoll. Auf einer Hangstraße mit Talblick zirkeln wir bergab und erreichen nach zwei Haarnadelkurven **Rupe** im Talgrund. Durch ein schmales und fruchtbares Sei-

Die verschilfte Uferzone des Vransko jezero.

Tipp

Der Nationalpark Krka

Neben den Plitvicer Seen gehört der Nationalpark Krka zu den ganz großen landschaftlichen Attraktionen Kroatiens. In beiden Fällen haben sich in Flussläufen durch die Bildung von Sinterterrassen Kalkbarrieren gebildet, die zur Entstehung von Seen und unzähligen Wasserfällen geführt haben. Im Falle der Krka sind es im Wesentlichen zwei Gefällstufen, über die der Fluss 300 Höhenmeter überwindet. Die Nördliche bei Roški slap (8.00 - 20.00 Uhr) ist weniger spektakulär und zu Fuß zu erreichen. Die Südliche (8.00 - 20.00 Uhr) heißt Skradinski buk und ist von Skradin und von Lozovac aus erreichbar. Von Skradin fahren kostenlose Boote zum Südeingang, oder man geht zu Fuß (Start an der Krka-Brücke und dann am orographisch rechten Ufer entlang). Das Südufer erreicht man über Lozovac. Mittels Pendelbussen wird man zum Fluss gebracht. Baden ist nicht mehr möglich. Weitere Infos unter www.np-krka.hr.

tental der Krka geht es weiter bis nach **Dubravice**, einem weiteren Winnetou-Drehort (»Unter Geiern«).

Schließlich gelangen wir nach **Skradin**. Hier steht alles im Zeichen der berühmten Wasserfälle Skradinski buk, die von Skradin aus mit Booten angefahren werden können. Vermutlich gibt es in dem hübschen Städtchen mit historischem Kern mehr Parkplätze als Einwohner. Ein alternativer Zugang zu den Wasserfällen wartet im Süden. Dazu fahren wir auf der D 56 weiter über die Krka-Brücke und auf einer feinen Serpentinenstrecke wieder hinaus aus dem Tal. Etwa vier Kilometer hinter der Brücke zweigt nach einer langen Geraden links ein Sträßchen ab (unbeschildert), das uns nach zwei Kilometern zum südlichen Eingang bringt.

Weiter geht es erst ein Stück auf der D 33, dann vor der Autobahn rechts ab in Richtung Bilice. Nach geschmeidiger Talabfahrt überqueren wir die Autobahn und orientieren uns in Richtung Šibenik Stadtmitte. Mit über 40.000 Einwohnern ist **Šibenik** die drittgrößte Stadt Dalmatiens nach Split und Zadar. Da sie ein wenig im Schatten ihrer berühmteren Nachbarn steht, ist sie selbst in der Hauptsaison touristisch nicht überlaufen. Šibenik hat einiges zu bieten, allem voran die Kathedrale Sv. Jakov, die zum Weltkulturerbe der UNESCO gehört. Der frühe Renaissance-Bau wurde im 15. Jahrhundert errichtet und gilt als bedeutendstes architektonisches Meisterwerk an der dalmatinischen Küste.

Übernachten

*Das **Agrotourism Kalpić**, Kalpići 4, in Radonic, ruhig auf dem Land gelegen in der Nähe des Krka-Nationalparks, geschmackvolle Steinhäuser mit Garten, Pool und hervorragender dalmatinischer Küche aus biologischem Anbau; Tel.: 091-5845 520; DZ (inkl. Frühstück) 110 bis 150 Euro, https://kalpic.com.*

Kurz-Check

Streckenlänge: *ca. 230 km*
Charakter: *Mittelschwer; an der Küste ist mit viel Verkehr zu rechnen. Im Mittelteil sind die Straßen überwiegend gerade, und zum Ende darf genüsslich gecurved werden. Ein ca. 3 km langer Abschnitt ist nicht asphaltiert, jedoch unproblematisch zu befahren.*
Highlight: *Die 14 km lange, landschaftlich äußerst attraktive Strecke von Laškovica bis kurz hinter Skradin.*
Einkehr-Tipp: *300 m vom Hotel Armerun entfernt bietet das Restaurant Bounty an der Obala Prvoboraca 28 in Šibenik direkt an der Uferpromenade feine mediterrane Küche. Besonders empfehlenswert sind die Fischgerichte und Burger. Auch vegetarische Gerichte. Reservierung empfohlen, Tel.: 022-244449.*
Absolutes Muss: *Der Besuch des Nationalparks Krka. Bereits Winnetou wusste um die Schönheit dieses Landstrichs. Die Krka, Dalmatiens längster Fluss, stürzt sich über sieben Wasserfälle 300 m spektakulär und mit lautem Getöse in die Tiefe. Als Besucher kommt man über Holzstege ganz nah heran.*

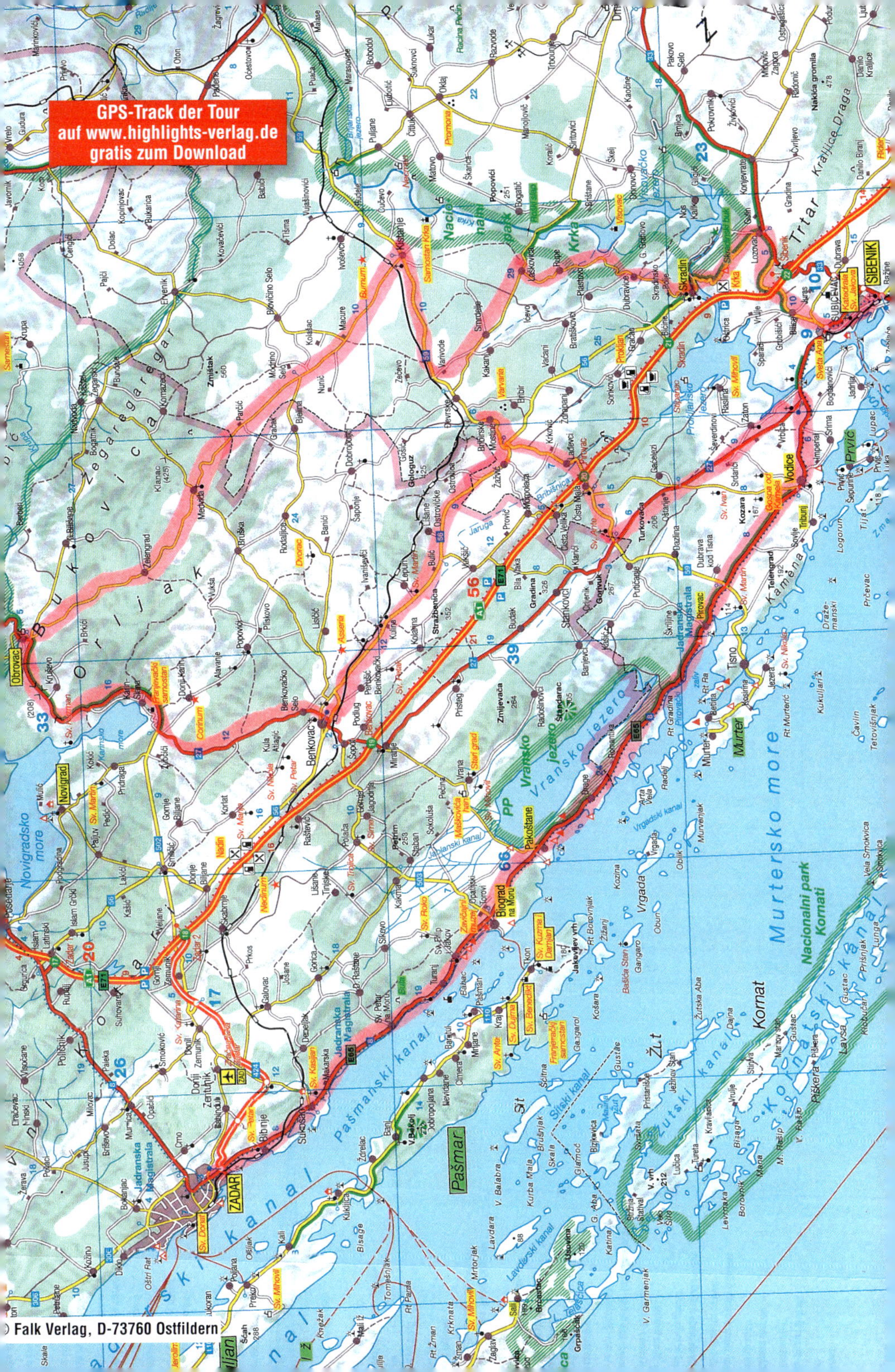
GPS-Track der Tour
auf www.highlights-verlag.de
gratis zum Download
ZADAR
Benkovac
Biograd na Moru
Pakoštane
Vodice
ŠIBENIK
Skradin
Kistanje
Obrovac
Novigrad
Pirovac
Tisno
Murter
Pašman
Žut
Kornat
Vransko jezero
Nacionalni park Krka
Nacionalni park Kornati
Murtersko more
Pašmanski kanal
Novigradsko more
Bukovica
Jadranska Magistrala
Falk Verlag, D-73760 Ostfildern

Mittel-Dalmatien und Insel Brač

Kurven auf Brač und im Svilaja-Gebirge, Strände und Buchten an der Makarska magistrala, Kulturschätze in Split und Trogir – das ergibt eine spannende Tagestour.

Split ist eine der schönsten Städte an der Adria. Die Strände entlang der Makarska Riviera gehören zu den berühmtesten weltweit, und die vor den Toren Splits liegende Insel Brač ist eine der landschaftlich abwechslungsreichsten Kroatiens. Diese Tour verbindet das alles miteinander und entführt uns außerdem in das idyllische Einzugsgebiet der Cetina, eine der schönsten Flusslandschaften des Landes.

Dank unserer zentralen Unterkunft in **Split** begeben wir uns zunächst zu Fuß in das Herz der mit knapp 170.000 Einwohnern zweitgrößten Stadt Kroatiens, in den Diokletianpalast. Er ist einer der besterhaltenen Zeugnisse römischer Baukunst und erstreckt sich auf einer Fläche von 215 mal 180 Meter direkt am Hafen. Seit 1979 gehört er zum Weltkulturerbe der UNESCO und das mit gutem Grund: Er besteht aus mehreren Gebäuden, einer Kathedrale und einer umgebenden Stadtmauer. Das Besondere ist die lebendige Altstadt inmitten des Palastes. Hier entstanden Wohnhäuser, Cafés, Restaurants, Hotels und Geschäfte, nachdem der Palast im frühen Mittelalter als Zufluchtsstätte für die Bevölkerung vor räuberischen Angriffen diente. Alles überragend ist die Kathedrale des Hl. Domnius (Svetog Duje) mit seinem knapp 60 Meter hohen begehbaren Glockenturm, von dem aus man einen tollen Blick über das Palastareal und die Altstadt hat.

Ein weiteres Kleinod ist der Marjan-Park, der sich oberhalb von Veli Varos

Kurvenreich geht es an der Ostküste der Insel Brač entlang, im Hintergrund türmt sich das gewaltige Mosor-Gebirge auf.

um den gleichnamigen Hausberg Splits erstreckt. Dazu schwingen wir uns auf unsere Maschinen und fahren auf der prilaz Vladimira Nazora in südlicher Richtung bis zum Ende. Dort befindet sich das Panorama-Café Vidilica mit herrlicher Sonnenterrasse und dem vielleicht schönsten Blick über die Altstadt, die Uferpromenade mit dem Diokletianpalast, das gewaltige Mosor-Gebirge im Hinterland und die vorgelagerten Inseln Šolta und Brač – unser nächstes Ziel.

Brač ist eine der größten kroatischen Inseln und berühmt für einen besonderen glänzenden Kalkstein, der bereits zum Bau des Diokletianpalastes genutzt wurde und auch beim Bau des Weißen Hauses in Washington verwendet worden sein soll. Und dann gibt es noch das »Goldene Horn«, den Zlatni rat, den berühmtesten Strand Kroatiens und eines der am meist fotografierten Motive.

Zunächst fahren wir nach Ankunft der Fähre in **Supetar** am ersten Verkehrskreisel links in Richtung Splitska an der Küste entlang. Es folgt eine herrliche kurvige Strecke durch die Dörfer Splitska und Postira. Links fliegt die Meerenge des Brački-Kanals vorbei mit dem dahinter steil aufragenden Bollwerk des Mosor-Gebirges. Kurz vor **Pučišca** biegen wir rechts ab in Richtung Sumartin und verlassen die Nordküste. Auf freier Strecke fahren wir erst bergauf durch ein fruchtbares Tal. Die Strecke wird immer kurviger und entwickelt sich zur Panorama-Straße. Mit jedem Höhenmeter wächst die Lust an der Kurvenhatz. Auf 400 Metern erreichen wir schließlich eine Hochebene, und der Straßenverlauf entspannt sich. Bei **Pražnica** mündet die Straße in die D 115, welche die beiden Häfen Supetar und Sumartin miteinander verbindet.

Vom Marjan-Park offenbart sich ein bezaubernder Blick auf die Stadt Split.

Wir folgen den Ausschilderungen in Richtung Bol. Wieder erklimmen wir auf 450 Metern eine kleine Passanhöhe. Allmählich rückt die südlich von Brač gelegene Insel Hvar ins Blickfeld, und schon geht erneut die Post ab: Am Südhang des 780 Meter hohen Vidova gora war kein Platz für eine gerade Straße. So wedeln wir genussvoll auf der teilweise in den Fels gesprengten Strecke hinab zur Küste. Kurz vor **Bol** zweigen wir rechts ab in Richtung Murvica, umfahren das Zentrum und biegen am Schild »Zlatni rat« scharf links ab. Dann haben wir den wohl berühmtesten Strand Kroatiens erreicht. Durch ein kleines Wäldchen gelangen wir nach unten. Ein sauberer Kiesstrand, der sich zum Ende hin zuspitzt und genügend Platz für Sonnenhungrige bietet. Je nach Wind und Strömung wandert die Spitze ein wenig hin und her. Snackbuden sorgen für kulinarische Kurzweil.

Aber wir wollen weiter und gönnen uns die für Freunde der gepflegten Schräglage wie gemachte Wedelstrecke gleich noch ein zweites Mal, diesmal allerdings bergauf und noch näher am Abgrund. Allerdings fahren wir weiter bis Sumartin, denn wir wollen zurück aufs Festland. In **Sumartin** lösen wir unsere Tickets. Die Fähre steuert direkt auf Makarska zu, den größten Ort an der gleichnamigen Makarska magistrala, die sich zwischen den Orten Brela und Gradac erstreckt und sich um das gewaltige Biokovo-Gebirge herumschlängelt.

In **Makarska** angekommen, fahren wir auf der Küstenstraße in nordwestlicher Richtung. Wir gewinnen schnell an Höhe und bewegen uns auf der breit ausgelegten Strecke zügig auf Omiš zu. Die

Brela, einer der schönsten Strände Europas.

perfekte Straße legt die Vermutung nahe, dass hier in der Hochsaison viel los sein muss. Kein Wunder, denn unterhalb der Küstenstraße reihen sich die schönsten Strände der Adria aneinander. Allen voran der Strand Dugi rat bei **Brela**, der vor einigen Jahren von der amerikanischen Zeitschrift Forbes zu den zehn schönsten Stränden weltweit gezählt wurde. Die Straße verläuft 100

Tipp

Der römische Kaiser Diokletian (ca. 240 - ca. 312 n. Chr.)

Um das Jahr 240 n. Chr. wurde Marcus Aurelius Gaius Valerius Diocletianus in der Nähe des heutigen Solin, einem Vorort Splits, geboren und wuchs in einfachen Verhältnissen auf. Beim Militär diente er sich hoch, bis er schließlich 284 n. Chr. zum römischen Kaiser erklärt wurde. In Split ließ er von 295 - 305 n. Chr. seinen berühmten Palast bauen, den er als Altersruhesitz nutzte. Nach Fertigstellung dankte er als einziger römischer Kaiser noch zu Lebzeiten friedlich ab und verbrachte seine letzten acht Lebensjahre in seinem Palast.

Meter oberhalb der Küste und bietet fantastische Fernsichten bis zur Insel Brač.

Bis **Pisak** bleiben wir auf dieser Höhe und winden uns um jede noch so kleine Bucht herum. Bei Marušići nähern wir uns wieder der Küste. Nach wenigen Kilometern ist **Omiš** erreicht. Das lebendige Städtchen ist eine weitere Perle an der Adria. Die alte Seeräuber-Hochburg wird eingerahmt von den wild zerklüfteten Ausläufern des Mosor-Gebirges, durch das sich die Cetina gefressen hat und mitten im Ort ins Meer mündet. Die Hauptstraße ist gesäumt von schattigen Cafés und Geschäften – ein ideales Plätzchen für ein Kaffeepäuschen.

Nördlich von Omiš schließen sich weitere hübsche Strände an. Die Jadranska magistrala bleibt direkt an der Küste und führt uns durch dicht besiedeltes Gebiet. Wir umfahren Split und bleiben auf der mittlerweile zweispurigen D 8. Dabei passieren wir **Solin**, die alte Römerstadt, in der Kaiser Diokletian geboren wurde, und kommen in die Region Kaštela. Der Name geht zurück auf sieben heute noch gut erhaltene Bur-

Die Küstenstraße windet sich um jede kleinste Bucht herum

gen zwischen Split und Trogir, die wohlhabenden Adelsfamilien im 15. und 16. Jahrhundert Schutz vor den einfallenden Osmanen boten. Leider kann nur das Kaštel Lukšić besichtigt werden.

Als nächstes Highlight folgt **Trogir**. Hierzu verlassen wir die D 8 und fahren zur Altstadt, die um 300 v. Chr. auf einer kleinen Insel gebaut wurde und zum UNESCO-Weltkulturerbe gehört. Auch außerhalb der Saison wimmelt es hier vor Urlaubern, doch mit unseren Bikes finden wir jederzeit ein Parkplätzchen.

In knackigen Kurven und Kehren zirkelt die Bergstraße hinauf ins Svilaja-Gebirge.

Die Altstadt ist geprägt von venezianischer Baukunst und gehört zu den schönsten in ganz Dalmatien.

Nach so viel Kultur und Zivilisation wird es wieder Zeit für Fahrtwind, und so kehren wir zurück zur Küstenstraße und fahren weiter in Richtung Westen. Hinter Seget Vranjica haben wir die Natur ganz für uns und geben Gas. Die Straße führt direkt am Meer entlang. Allmählich kommen wir in die Region Šibenik. Einer der interessantesten Orte ist **Primošten** mit einigen hübschen Kieselstränden und einer verwinkelten Altstadt auf einer kleinen, fast kreisrunden vorgelagerten Insel, die über einen schmalen aufgeschütteten Steg erreichbar ist. Danach ist wieder Genusswedeln angesagt. Weiter an der Küste entlang steuern wir auf Šibenik zu. Kurz vor der Stadt zweigen wir jedoch bei **Brodarica** ins Landesinnere ab und lassen das hübsche Städtchen links liegen. Auf der D 33 nehmen wir nun Kurs auf Drniš.

Die Strecke ist eine der Hauptverbindungsstraßen ins Landesinnere und entsprechend gut ausgebaut, aber auch viel befahren. Vor uns liegt eine weitläufige Ebene, die zum Einzugsgebiet der Čikola gehört, ein Nebenfluss der Krka. Im höchsten Gang bewältigen wir die teilweise schnurgeraden Abschnitte und haben **Drniš** bald erreicht. Nach der Besetzung des Landes wurde die Stadt von den Osmanen erbaut. Davon zeugt unter anderem die alte Burg mit dem halb verfallenen Turm über der Stadt. Wir biegen rechts ab in Richtung Knin und bald darauf nochmals in Richtung Vrlika. Es wird immer einsamer. Der Straßenbelag ist bald auch nicht mehr der jüngste.

Omiš, der perfekte Ort für eine Kaffeepause.

Vereinzelt kommen wir durch kleine Dörfer, die noch immer vom Bürgerkrieg gezeichnet sind, der in der Region besonders schwer tobte. Viele Häuser stehen leer und weisen Schäden auf. Wir schrauben uns immer höher und befinden uns im Anflug auf das 850 Meter hohe Svilaja-Gebirge. Nach einer herrlich kurvigen Abfahrt kommen wir nach **Vrlika**. Auch hier ist noch jede Menge Zerstörung zu sehen. An manchen Häu-

Tipp

Fährüberfahrt Split - Supetar (Brač) und Sumartin (Brač) - Makarska

Das Schiff von Split nach Supetar auf Brač fährt ungefähr alle eineinhalb Stunden von morgens 5.15 Uhr bis Mitternacht und ist ca. 50 Minuten unterwegs. Die Preise liegen bei etwa 5,50 Euro/Person und 11,40 Euro/Motorrad. Die Fähre nach Makarska fährt nur alle 2 bis 4 Stunden und braucht ca. 60 Minuten. Also unbedingt rechtzeitig planen! Die Preise liegen bei etwa 5 Euro/Person und 11,40 Euro/Motorrad.

Weitere Informationen sind erhältlich unter www.jadrolinija.hr\de.

ser-Fassaden sind deutlich die Einschusslöcher zu erkennen. Unsere Straße mündet in die D 1, der wir rechts weiter in Richtung Sinj folgen. Vorbei an üppigem Grün erreichen wir den Peručko-Stausee, der die Region mit Strom und Wasser versorgt. Auch er war betroffen vom Bürgerkrieg, als serbische Soldaten auf dem Rückzug versuchten, die Staumauer zu sprengen, was glücklicherweise misslang. Sonst wären viele Orte entlang des Unterlaufs zerstört worden, auch Omiš an der Küste.

Die Straße bleibt weiter wunderbar kurvig, der Blick auf den See jedoch aufgrund des dichten Bewuchses weitgehend versperrt. Links gehen immer wieder Feldwege zum See hinunter. Die beste Gelegenheit hierzu hat man kurz vor der Staumauer. Ein Feldweg führt in spitzem Winkel zu einem beschaulichen Picknickplatz abseits der Straße und direkt am See.

Zurück auf der D 1 haben wir bald **Sinj** erreicht, mit 25.000 Einwohnern die größte Stadt in der Region. Im Mittelalter war sie 180 Jahre lang von den Osmanen besetzt, bevor die Venezianer die Stadt wieder befreien konnten. Ein 1715 gescheiterter Versuch der Osmanen, noch einmal Sinj zurückzuerobern wird heute noch am 1. Sonntag im August jedes Jahr in Form von Reiterspielen (Sinjska Alka) gefeiert. Unsere Pferde haben ein paar PS mehr, und so machen wir uns auf den Nachhauseweg in Richtung Split. Die D 1 entwickelt sich zu einer mehrspurigen Stadtautobahn. Deshalb fahren wir bei Klis ab und folgen der Nebenstraße. Nun ist es nicht mehr weit bis nach Split, und wir freuen uns bereits auf ein kühles Bier im Palast des Kaisers.

Übernachten

Nur fünf Gehminuten vom Diokletianpalast entfernt befindet sich ein Apartment in einem alten mehrstöckigen Privathaus mit mehreren frisch renovierten Zimmern, die allen zweckmäßigen Komfort bieten. Idealer Ausgangspunkt für Stadterkundungen zu Fuß. ***Rooms Supreme Spalato*** *in der Ulica Kruševića gumno 25, in Split; DZ (inkl. Frühstück) 65 bis 152 Euro; Tel.: 099-578 3471.*

Kurz-Check

Streckenlänge: *ca. 374 km.*

Charakter: *Einfach bis mittelschwer; jede Menge Kurven und schnelle, lange Geraden sorgen für Abwechslung und Kurzweil.*

Highlight: *Die Abfahrt nach Bol auf der Insel Brač und wieder hoch haben wir in vollen Zügen genossen.*

Einkehr-Tipp: *Das Restaurant in der Ulica Andrije Buvine 1 im Kaiserpalast in Split mit dem skurrilen Namen Kod sfinge vaneuropske zviri punktet mit kreativen Fisch-, Fleisch- und vegetarischen Gerichten in lauschiger Atmosphäre. Telefon: 099 409 2371 (Reservierung empfohlen).*

Absolutes Muss: *Von der Terrasse des Panorama-Cafés Vidilica im Marjan-Park aus den Blick auf Split und den Urlaub genießen.*

GPS-Track der Tour
auf www.highlights-verlag.de
gratis zum Download
SPLIT
ŠIBENIK
SINJ
Brač
Šolta
Čiovo
Kaštelanski zaljev
Splitski kanal
Brački kanal
Kamešnica
Mosor
Kozjak
Zagora
Svilaja
Moseć
Opor
Trtar
Veli Drvenik
Mali Drvenik
Park prirode Biokovo
Jadranska magistrala
MAKARSKA
Omiš
Trogir
Primošten
Supetar
alk Verlag, D-73760 Ostfildern

Süd-Dalmatien und Dubrovnik

Gemütliche Küstenabschnitte, idyllische Flusstäler, faszinierende Panoramastraßen, einsame Landschaften und emsiges Treiben – mehr Abwechslung geht kaum.

Südlich von Split beginnt der landschaftlich schönste Abschnitt der Küstenstraße entlang der Makarska Riviera. Ihren Höhepunkt findet diese Traumroute in Kroatiens Vorzeigestadt Dubrovnik. Auf dem Weg dorthin passiert man den Naturpark Biokovo. Dessen Gipfel ist der 1.762 Meter hohe Sveti Jure, Kroatiens höchstgelegene Straße führt dort hinauf.

Wir verlassen **Split** in nordöstlicher Richtung nach Solin. Dort orientieren wir uns in Richtung Mravince. Da uns die Küstenstraße bereits aus Tour 6 bekannt ist, wählen wir für heute eine Alternativstrecke. Hinter **Kučine** rückt ein riesiger Steinbruch als Orientierungspunkt ins Blickfeld. Er bildet sozusagen die nordwestliche Spitze des Perun-Gebirgszuges, der die Küste vom Hinterland trennt. Nach Überquerung einer kleinen Steinbrücke über einen Bach biegen wir links ab und drehen ins Landesinnere ab. Kurz darauf erwartet uns ein einsames, dicht begrüntes Tal mit einem schmalen Sträßchen, umgeben von den Ausläufern des gewaltigen Mosor-Gebirges und der Perun-Erhebung, die uns den Blick zur Küste versperrt.

Wir schwingen durch sanfte, lange Kurven. Deren Belag entspricht zwar nicht mehr dem letzten Stand der Technik, lässt aber eine engagierte Fahrweise zu. Wir passieren die Dörfer Srinjine und **Tugare**, folgen jedoch nicht den Hinweisen nach Omiš, sondern bleiben weiter auf der Höhe in Richtung Gata. Bald sehen wir die Cetina tief unter uns

Kroatiens höchstgelegene Straße zirkelt in engen Serpentinen hinauf zum Gipfel des 1.762 Meter hohen Sveti Jure.

und nehmen dann nach Umrundung eines Berges und der folgenden Haarnadelkurve den Abzweig nach Omiš. Die Dramatik der Landschaft nimmt zu, während wir uns Kurve um Kurve auf der ins Gestein gesprengten Straße voranarbeiten. Von schroffen und steil abfallenden Felsen umgeben, kurven wir durch eine Lücke, die die Cetina in Jahrmillionen gegraben und so den Weg zum Meer gefunden hat. Durch einen Tunnel und auf anschließender Serpentinenstrecke erreichen wir schließlich das Flussufer und folgen dem Strom bis ins ehemalige Piratennest **Omiš**.

Die bezaubernde Makarska Riviera bildet den landschaftlichen Höhepunkt dieser Tour.

Tipp

Abstecher zum Sveti Jure (1.762 m)

Am Abzweig nach Vrgorac biegen wir links ab auf die D 512. Die perfekt präparierte Straße führt panoramareich parallel zur Küste in Halbhöhenlage direkt unterhalb des gigantischen Biokovo-Bollwerks. Nach ca. fünf Kilometern zweigt eine Mautstraße (rund 8 Euro/Person) links ab. Sie ist gleichzeitig der Eintritt in den Biokovo-Naturpark. Die Strecke ist zwar durchgehend asphaltiert, aber dennoch nichts für schwache Nerven. Besonders im letzten Abschnitt verläuft das schmale Sträßchen direkt am Abgrund. Ausweichmanöver bei Gegenverkehr sind durchaus eine Herausforderung. Der Lohn ist eine sensationelle Rundumsicht vom Gipfel, die an klaren Tagen bis nach Italien reicht.

Am linken Flussufer stehen die Überreste der Festungen Mirabela und Starigrad aus dem 13. Jahrhundert. An der Brücke über die Cetina zweigen wir links ab, überqueren den Fluss und biegen gleich wieder ab, um am linken Ufer flussaufwärts ins Hinterland zu rollen. Zwei Tunnels später tauchen wir ein in das Land des »Ölprinzen«. Der Karl-May-Film mit dem gleichnamigen Titel wurde hier in der Cetina-Schlucht gedreht.

Die Straße verläuft nun direkt am Fluss entlang, umgeben von bis über 800 Meter hohen Gipfeln. Flussaufwärts versumpft das Tal zunehmend, behält aber seinen idyllischen Charakter bei. Immer wieder zweigen Feldwege zum Ufer ab, die sich für ein Picknick-Päuschen eig-

Die schmale und spärlich gesicherte Auffahrt zum Sveti Jure ist eine echte Herausforderung.

nen. Wer es gediegener mag, kehrt ein im hübschen Biergarten des Restaurants Radmanove Mlinice, einer ehemaligen Mühle direkt am Fluss. Hier enden die Rafting-Touren, die weiter flussaufwärts angeboten werden.

Die Strecke wird nun kurviger. Über mehrere Serpentinen verlassen wir das Tal und erreichen eine Hochebene mit dem Weindorf **Kučiće**. Dahinter verlassen wir wieder die Hochebene und zirkeln kurvenreich zur Cetina hinab. Eine Handvoll Kilometer am Flussufer folgen, bevor die Route hinter einem Wasserkraftwerk endgültig das Flusstal hinter sich lässt und sich zur Küste aufmacht. Die D 39 begrüßt uns mit einer perfekten Asphaltdecke. Unser Blick schweift weit über das dicht bewaldete Tal mit den Bergspitzen der Mosor- und Rogoznica-Gebirgszüge im Hintergrund und dem Biokovo-Naturpark davor. Dichter Nadelwald erinnert an Panoramastrecken im Schwarzwald, doch nach einer scharfen Linkskurve liegt auf einmal nicht das Rheintal, sondern das tiefe Blau der Adria unter uns. Vorn die Makarska Riviera, die Insel Brač im Hintergrund als Bildfüller. Wo soeben noch dichter Wald vorherrschte, bekommen nun kahle Felsen wieder die Oberhand. Zügig nähern wir uns der Küstenstraße, die in diesem Abschnitt hundert Meter über dem Meer verläuft.

Makarska ist der größte Ort der Umgebung und Namensgeber für die Makarska Riviera, die sich zwischen Brela und Gradac erstreckt und sich durch ihre Vielzahl an feinen Kiesstränden auszeichnet. Eine Reihe von Stichstraßen führen hinunter ans Meer zu versteckten Stränden.

Anspruchsvolle Serpentinen und Kurven jeglichen Kalibers

Wenige Kilometer hinter Makarska wartet das fahrerische Highlight des Tages – der absolut lohnenswerte Abstecher auf der höchstgelegenen Straße Kroatiens zum zweithöchsten Berg des Landes, den Sveti Jure (1.762 Meter). Anspruchsvolle Serpentinen, Kurven jeglichen Kalibers, traumhafte Weitblicke, wenig Verkehr – diese 23 Kilometer lange Etappe ist eine Offenbarung und nimmt mindestens zwei Stunden in Anspruch.

Bei **Podgora** treffen wir wieder auf die Küstenstraße, der wir weiter nach Süden folgen. Zahlreiche mitunter hübsche Küstendörfer reihen sich aneinander und schmiegen sich in enge Buchten. Dazwischen findet man immer wieder kleinere Kiesstrände, die über Stichstraßen zugänglich sind. Die Jadranska magistrala verläuft hier etwas oberhalb der Küste, sodass der Fahrfluss auf der gut ausgebauten Straße ungetrübt bleibt. Außerhalb der Saison ist geschmeidiges Cruisen angesagt. Hinter **Gradac** endet die Makarska Riviera, und wir verlassen vorübergehend die Küste. Die leicht hügelige Strecke führt in langen Kurven durch üppiges Grün. Überrascht blicken wir auf eine fast kanadisch anmutende Seenlandschaft mit sechs unterschiedlich großen Wasserflächen. Es handelt sich um sogenannte Karstseen, die durch Einbruch des porösen Kalkgesteins entstanden. Das Besondere an ihnen: Der Grund liegt unter dem Meeresspiegel. Der tiefste See ist 34 Meter tief, alle werden durch mehrere Süßwasserquellen gespeist.

Die Bauernstände im Neretva-Delta bieten Obst und Gemüse in bester Qualität an.

Wir umfahren **Ploče**, den nach Rijeka zweitgrößten Industriehafen Kroatiens. Noch ein paar Kurven, dann wird es flach. Wir sind im Neretva-Delta angekommen, der fruchtbarsten Region Dalmatiens und wichtiges Anbaugebiet für Obst und Gemüse. Die Straße ist zunächst noch gesäumt von wenig attraktiven Industrieanlagen. Doch nach der Brücke über die Neretva geht es los mit den ersten Obst- und Gemüseständen, und viele werden folgen, bevor wir das Flussdelta wieder verlassen. Unser Tipp: Unbedingt an einem der Stände anhalten und probieren. Alles, was die Landwirte anbieten, schmeckt unübertrefflich und gewinnt jeden Vergleich zur heimischen Supermarktware. Bei **Opuzen** gibt es die Möglichkeit, über die nahe liegende bosnische Grenze einen Abstecher ins 53 Kilometer entfernte Mostar zu unternehmen.

Wir aber bleiben auf der D 8, durchqueren das Neretva-Delta und nähern uns allmählich wieder der Küste. Die Halbinsel **Pelješac** kommt dabei immer näher. Inzwischen ist die neue Brücke bei Komarna fertig. 2022 erfolgte die

Direktanbindung Süddalmatiens und damit Dubrovniks, ohne die bosnischen Grenzen passieren zu müssen. Wir bleiben jedoch auf der Küstenstaße, die nun deutlich weniger frequentiert ist als früher.

Von weitem kündigt sich schließlich doch noch ein Hindernis an: die Grenze zu Bosnien-Herzegowina. Die Kontrollen der Ausweise sind ungewohnt gründlich, schließlich befinden wir uns an einer EU-Außengrenze. Es folgt ein neun Kilometer langer Küstenabschnitt, der einzige Bosniens. Dort gibt es eine Küstenstadt namens **Neum**. Sie macht einen recht abgehalfterten Eindruck, doch der Sprit ist billig. Kaum drin in Bosnien, sind wir auch schon wieder draußen. Auch hier wieder Grenzkontrollen, allerdings wirken die Zöllner eher gelangweilt und nicht gerade überfordert.

Pelješac ist nun ganz nah. Die Küste sieht aus wie eine finnische Seenlandschaft. Bei **Zaton Doli** kommt endlich der Abzweig nach Ston auf Pelješac. Die Halbinsel ist weltberühmt für ihren Rotwein, der bevorzugt aus den Sorten Plavac Mali und Dingač gekeltert wird. Es gibt eine Vielzahl an Weingütern, die besichtigt und natürlich ausprobiert werden können. Einfach den Hinweisschildern »Vino« oder »Vinarija« folgen. **Ston** liegt malerisch an weitläufigen Salinenfeldern. Das Sträßchen mitten hindurch und an der gegenüberliegenden Seite weiter nach Broce hat durchaus seine Reize. Bereits ein leichter Wellengang könnte zur Überflutung führen, so nah ist sein Verlauf direkt am Meer entlang. Die eigentliche Sensation entdecken wir jedoch in den Hügeln über

Wahrzeichen der bosnischen Stadt Mostar ist die nach dem Krieg wieder errichtete Brücke über die Neretva.

Tipp

Abstecher nach Mostar in Bosnien

Vom kroatischen Opuzen aus sind es noch 10 km bis zur bosnischen Grenze bei Metković, danach noch weitere 43 km bis nach Mostar. Die Strecke dorthin ist traumhaft schön. Die Neretva zeigt sich von ihrer besten Seite, eingebettet von bewaldeten Hügeln. In Mostar spielt sich das Leben (zumindest das touristische) um die berühmte Brücke über die Neretva (Stari Most) ab. Sie wurde 1566 gebaut und diente als Verbindung zwischen den Katholiken auf der einen Seite und den Muslimen auf der anderen Seite der Brücke. 1993 wurde sie im Bürgerkrieg zerstört und danach wieder aufgebaut. Heute erstrahlt sie glücklicherweise ganz im alten Glanz.

der Stadt. Dort ist die fünfeinhalb Kilometer lange »Chinesische Mauer Europas« und längste Festungsmauer des Kontinents bereits von weitem sichtbar. Sie wurde im 14. Jahrhundert gebaut, verband Ston im Süden mit Mali Ston im Norden und markierte damit die Grenze zur damaligen Republik Ragusa. Die Mauer besitzt 40 Türme und fünf Forts und kann erwandert werden. Ein paar Kilometer weiter südlich warten übrigens einer der schönsten Strände Dalmatiens und der Campingplatz Prapratno Camp.

Kurz-Check

Streckenlänge: *ca. 307 km.*

Charakter: *Mittelschwer; die Tour bietet gemütliche Küstenabschnitte, idyllische Flusstäler, faszinierende Panoramastraßen, einsame Landschaften und emsiges Treiben. Mehr Abwechslung geht kaum.*

Highlight *im wahren Wortsinn ist der neue Skywalk auf dem Weg zum Sveti Jure. Im Halbrund schwebt ein Glasbodensteg in 1.228 m Höhe über dem Meer.*

Einkehr-Tipp: *Das Restaurant Radmanove Mlinice unter dichten Bäumen und direkt am Ufer der Cetina bietet neben einem großen Biergarten lokale Gerichte mit riesigen Portionen aus gegrilltem Fleisch und Fisch. Dazu gibt es selbstgebackenes Brot; super idyllisch, allerdings auch gut besucht; 6 km hinter Omiš, direkt an der Cetina; Tel.: 021-862 073 oder 099-314 6220. Übernachtungen sind möglich.*

Absolutes Muss: *Der Tipp für den Sundowner ist die Cocktail-Bar Bard Mala Buza an der Ulica Ispod Mira 14 in Dubrovnik. Außerhalb der Stadtmauer sitzt man auf den Klippen direkt über dem Meer und chillt dem Sonnenuntergang entgegen.*

Übernachten

Das B & B ***Villa Klaić*** *wartet auf mit komfortablen Zimmern, Pool, eigenem Parkplatz und Begrüßungsbier (!). Außerdem ist man in 15 Minuten zu Fuß in der Altstadt. Šumetska ulica 9, in Dubrovnik-Pile; Tel.: 091-738 4673, www.villaklaic-dubrovnik.com; DZ (inkl. Frühstück) 120 bis 180 Euro.*

Zurück auf der D 8 setzen wir unsere Fahrt in den Süden Dalmatiens fort. Durch menschenleere Küstenlandschaft ziehen wir unsere Bahn und »swingen« um die Buchten. Vor der Küste tummeln sich etliche Inseln und Inselchen. Lichte Kiefernwälder sorgen für landschaftliche Abwechslung, dann kündigt sich **Dubrovnik** mit einer modernen, 2001 fertig gestellten Schrägseilbrücke an, die in 140 Meter Höhe die Bucht von Dubrovačka auf einer Länge von 480 Metern überbrückt. Der Verkehr hat deutlich zugenommen, unzählige Ausflugsbusse konkurrieren mit den ersten Superkreuzfahrtschiffen unten im Hafen. Wir sind im touristischen Epizentrum Kroatiens angekommen. Das ist sie also, die »Perle der Adria«. Zunächst fahren wir noch einige Kilometer oberhalb der Stadt weiter gen Süden, bis wir in Richtung Zentrum rechts abbiegen. Dubrovnik, wir kommen!

Skywalk mit Nervenkitzel

Die Perle an der Adria

Schon wegen der einmaligen Altstadt von Dubrovnik lohnt sich die Fahrt in den tiefen Süden Kroatiens.

Bereits die Anfahrt ist eine Wucht: Die Küstenstraße verläuft oberhalb von Dubrovnik und gibt den berühmten Postkartenblick auf die wohl bekannteste Stadt Kroatiens frei.

Dubrovnik kann auf eine lange Geschichte zurückblicken, seine Gründung lässt sich auf einen slawischen Überfall im 7. Jahrhundert zurückführen. Damals floh die Bevölkerung auf die bereits befestigte Insel Ragusa, die durch einen schmalen Kanal vom Festland getrennt war. Bis zum 12. Jahrhundert siedelten sich immer mehr Menschen auf dem Festland an. Es entstanden freundschaftliche Beziehungen, und man begann, den trennenden Meeresarm zuzuschütten. Damals baute man den Stradun, auch Placa genannt, die heutige Flaniermeile in der Altstadt.

Nach überstandener venezianischer Besatzungszeit begann im 15. Jahrhundert die 200 Jahre währende Blütezeit der Republik Ragusa mit der seinerzeit drittgrößten Seeflotte der Welt.

Heute leben knapp 45.000 Einwohner in Dubrovnik. Seit 1979 gehört die Stadt zum UNESCO-Weltkulturerbe, und mit über 1,6 Millionen Übernachtungen jährlich ist sie einer der meistbesuchten Orte weltweit. Das spült zwar Geld in die Kassen, lässt jedoch auch die Preise steigen. Infolge dieser Entwicklung können sich viele Einheimische kaum mehr die Kosten für Miete und Lebensunterhalt leisten.

Zu den Höhepunkten einer Stadtbesichtigung gehört auf jeden Fall das Flanieren auf dem mit glänzenden Marmorplatten ausgelegten Stradun mit seinen vielen Cafés und Geschäften. Die Preise sind zwar gesalzen, haben aber noch nicht das Niveau z. B. von Venedig erreicht. Auf dem größten Platz, der Gundulićeva poljana, findet jeden Morgen ein Markt statt. Gegen Eintritt darf man auf der Stadtmauer umherspazieren. Dubrovnik wird gerne als Filmkulisse genommen – Teile von »Games of Thrones« und Szenen für »Star Wars Episode VIII« wurden hier gedreht.

Seit fast tausend Jahren hat sich in Dubrovnik so gut wie nichts verändert

Wer einen Blick von ganz oben auf Dubrovnik werfen will, kann mit einer Seilbahn in vier Minuten zum 408 Meter hohen Hausberg Srđ fahren. Unten in der Altstadt ist der schönste Platz zum Abhängen das Café Buža, erreichbar durch eine kleine Tür in der Stadtmauer im Süden und ausgestattet mit herrlichem Blick auf die Küste und die vorgelagerte grüne Insel Lokrum.

Die Auswahl an ordentlichen Restaurants ist in Dubrovnik groß. Wer jedoch zwischendurch etwas anderes als immer nur Fleisch und Fisch essen will, dem sei das vegetarische Restaurant Nishta empfohlen. In der Prijeko bb, einer Parallelgasse zum Stradun, servieren die Inhaber, eine Kroatin und ein Schweizer, äußerst leckere vegane und vegetarische Gerichte.

Oben: Postkartenblick auf Dubrovnik von der Küstenstraße aus. Unten: Die Flaniermeile, der Stradun.

Slawonien

Diese Tour nimmt man sich zu Herzen – hier die überaus liebenswürdigen einheimischen Motorradfahrer, dort die Erinnerung an einen Völkermord.

Umgeben von den Grenzflüssen Drau, Donau und Save ist Slawonien die Kornkammer Kroatiens. Intensive Felderwirtschaft bestimmt das topfebene Landschaftsbild dieses Teils der Pannonischen Tiefebene. Im Bürgerkrieg war Slawonien Grenzgebiet und hart umkämpfter Schauplatz übler Greueltaten. Die angenehm untouristische Region birgt eine intensive Bikerszene und herrlich freie Ausfahrten.

Wir haben **Slavonski Brod** zu unserem Domizil gewählt. Nach Osijek ist sie mit über 60.000 Einwohnern die zweitgrößte Stadt der Region. Sie liegt direkt an der Save an der Grenze zu Bosnien-Herzegowina und ist dank guter Verkehrsanbindung von enormer wirtschaftlicher Bedeutung. Eine sympathische Stadt mit vielen jungen Leuten, auffallend vielen Bikern und ausgeprägtem Nachtleben. Bis in die Morgenstunden herrscht reges Treiben in der Fußgängerzone Ulica Ante Starčevića. Die Kneipen haben lange geöffnet, die Menschen sind entspannter als an der Küste.

Unsere Tour beginnen wir mit einem frisch gebrühten Kaffee in der Harley Bar in der Trg Žrtava rata direkt an der Save. Die Sonne scheint, der Himmel ist blau. Wir sitzen unter Gleichgesinnten. Jedes Mal drehen sich alle Köpfe, wenn ein neues, gepflegtes Superbike vorfährt und sich zu den anderen Bikes gesellt. So könnte eigentlich jeder Tag beginnen, denken wir und schwingen uns gut gelaunt und voller Tatendrang auf unsere Maschinen.

Mahnmal des Bürgerkrieges, der die kroatische Stadt Vukovar im Jahr 1991 zu 90 Prozent zerstörte.

Zunächst müssen wir raus aus der Stadt. Da die Besiedelung eher ländlichen Charakter hat und wir immer der Beschilderung nach Zagreb bzw. Našice folgen, fällt uns das nicht schwer. Bald haben wir die letzten Häuser hinter uns gelassen. Vor uns liegt die sanft hügelige Waldlandschaft des Diljer-Massivs, die uns bereits erste lustvolle Kurvenerlebnisse beschert. Üppiger Mischwald, ausgedehnte Felder und urige Dörfer wechseln sich ab und sorgen für Kurzweil. Zwischendurch stört mal ein Steinbruch den Fahrfluss durch vollgeladene Kieslaster und jede Menge Dreck auf der Straße. Ansonsten bleibt die Strecke traumhaft. Fließend geht die Landschaft in das Krndija-Gebirge über. Den nächsten größeren Ort, **Našice**, umfahren wir nördlich, indem wir uns zunächst Richtung Zagreb orientieren und dann weiter Richtung Osijek. Wer Lust auf die Besichtigung eines opulenten Barock-Schlosses hat, dem sei der Privatbesitz der Grafenfamilie Pejačević mitten im Ort empfohlen. Im frühen 19. Jahrundert erbaut, steht das heutige Museum in einem riesigen Park mit See. (täglich 7.00 bis 19.00 Uhr).

Hinter Našice wird es extrem flach. Felderwirtschaft bestimmt das Landschaftsbild. Es gehört zur Pannonischen Tiefebene, die sich bis weit über Ungarn erstreckt. Die Straße verläuft neben der Bahnstrecke nahezu kerzengerade, die Kurven lassen sich an zwei Händen abzählen. So kommen wir zügig nach **Osijek**, mit 75.000 Einwoh-

Tipp

Übernachten in Osijek

In Tvrda in der Franjevačka ulica 7, der Altstadt Osijeks, befindet sich in Bestlage das neue gleichnamige Boutique Hotel mit seiner gehobenen Ausstattung und seinem hervorragenden Preis-/Leistungsverhältnis. Der Clou sind Sauna, Pool und Whirlpool auf der Dachterrasse. Die modern und äußerst gemütlich eingerichteten Zimmer verfügen über Möbel und Böden aus hellem Naturholz. DZ (inkl. Frühtück) ab 111 Euro. Tel.: 031-201555; www.hoteltvrda.hr; E-Mail info@hoteltvrda.hr.

Nie mehr Krieg – der zerstörte Wasserturm von Vukovar ist Mahnmal und Museum.

Slawonien ist Storchengebiet (links). Sehr angesagt: Das Čingi Lingi in Bilje (rechts).

nern die viertgrößte Stadt Kroatiens. Die Universitätsstadt liegt wunderschön an der Drau, die 20 Kilometer östlich in die Donau mündet. Durch ihre wirtschaftliche Blüte im 18. und 19. Jahrhundert wurde sie zum Schmelztiegel der Kulturen. Deutsche, Serben, Ungarn, Kroaten und Juden lebten friedlich im Einklang. Nach dem Ende der Habsburger Regentschaft nach dem 1. Weltkrieg, den Deportationen im 2. Weltkrieg und dann während des jugoslawischen Bürgerkrieges änderte sich das Bild. Heute besteht die Bevölkerung zu 90 Prozent aus Kroaten. Der schönste Stadtteil ist die Altstadt, Tvrđa genannt. Es handelt sich dabei um eine ehemalige habsburgische Festungsanlage aus dem 18. Jahrhundert. Mittendrin ist der riesige Hauptplatz an der Trg Svetog Trojstva mit einer Pestsäule aus dem Jahr 1729. Von einem Einheimischen bekommen wir den Tipp, im Restaurant Čingi Lingi einzukehren – der Tipp ist goldrichtig.

Frisch gestärkt machen wir uns auf nach Vukovar, unserem nächsten Etappenziel. Wir fahren zurück auf die breit ausgebaute D 2 und dann weiter in östlicher Richtung. Der Streckenverlauf bleibt weiter bolzengerade. Zügig erreichen wir **Borovo**, einen Vorort an der Donau und ehemaliges Zentrum der Schuhindustrie Jugoslawiens.

Wir nähern uns **Vukovar** mit gemischten Gefühlen. Kennen wir den Ort doch vor allem aus den Nachrichten während des Bürgerkrieges. Hier tobte er mit am heftigsten. Was ist übrig geblieben davon, und wie hat sich die Stadt erholt? Wir haben kaum das Ortsschild passiert, da fahren wir auf die erste Häuserruine zu: Das ehemalige Bahnhofsgebäude ist nur noch ein Schatten seiner selbst, mit eingestürztem Dach, ohne Fenster, dafür Einschusslöcher. Im Inneren wachsen kleine Bäume und Gestrüpp. Bei der Fahrt durch die Stadt entdecken wir neue Zweckbauten, renovierte ältere Häuser und immer wieder freie Flächen und Bauruinen, die von der Zerstörung zeugen. Wir fahren vor bis an das Donauufer auf einen großen Parkplatz. Das gegenüberliegende Ufer ist bereits serbisches Gebiet. Ein Einheimischer berichtet uns vom immer noch verfeindeten Verhältnis zwischen Serben und Kroaten.

Bewegt nehmen wir Kurs auf Ilok. Dabei fahren wir am ehemaligen Wasserturm Vukovars vorbei, der aussieht wie ein Ufo, das beim Landeanflug die ISS gerammt hat. Tatsächlich wurde auch er Opfer der Zerstörung. Die Serben wollten ihn im Krieg sprengen, was aber nicht gelang. Der schwer beschädigte Turm wurde stablisiert und zu einem Museum umgebaut. Kurz hinter dem Ortsende-Schild kommen wir am Gedenkfriedhof mit einem Denkmal und 938 weißen Kreuzen für die Gefallenen des Krieges vorbei. Unweit davon befindet sich in **Ovčara** ein Schuppen als Gedenkstätte (Spomen dom Ovčara), in dem 200 kroatische Märtyrer gefoltert wurden. Drei Kilometer weiter südöstlich liegt das Getreidefeld, in dem sie verscharrt wurden. Die Stelle ist durch einen Marmor-Gedenkstein markiert.

Es geht weiter an der Donau entlang flussabwärts. Hinter **Mohovo** wird die Strecke etwas abwechslungsreicher. Die Ausläufer des Mittelgebirges Fruška gora bescheren uns ein paar herzhafte Schräglagen bis wir **Ilok**, die östlichste Stadt Kroatiens, erreichen. Die Gründung Iloks geht auf die Römer zurück. Die brachten auch den Wein mit in die Region. Heute können über ein Dutzend Weingüter in der Umgebung gut davon leben. Eines davon ist das Stari podrum, direkt am Eingang in die auf einem Hügel gelegene Festung mit weitgehend er-

Das Restaurant des Hotels Danube in Ilok entwickelte sich zum beliebten Motorradtreff.

Die Zerstörung Vukovars

Während der Habsburger Regentschaft entstanden viele Häuser im barocken Baustil. Durch die Besiedlungspolitik von Kaiserin Maria Theresia siedelten sich auch viele Deutsche in der Region an, die sogenannten Donauschwaben. 1736 erwarb der deutsche Graf von Eltz die Stadt und baute das Schloss Eltz, das heute wieder in frischem Glanz besichtigt werden kann. Aufgrund seiner günstigen Verkehrsanbindung erlebte Vukovar einen wirtschaftlichen Aufschwung. Bis 1991 lebten hier über 80.000 Einwohner. Angeheizt durch Regierungs-Propaganda kam es am 2. Mai 1991 in Borovo zur Ermordung von zwölf kroatischen Polizisten, was zum Kriegsausbruch in der Region führte. Von Serben umzingelt wurde die überwiegend von Kroaten bewohnte Stadt ab dem 25. August mit täglichem Dauerfeuer durch die jugoslawische Volksarmee belegt. Täglich schlugen 8.000 Granaten ein. Nachdem über 90 % der Stadt zerstört waren, gaben die Kroaten am 18. November schließlich auf. Danach kam es zu einem Massaker an den noch ca. 20.000 verbliebenen Einwohnern und zu ethnischen Säuberungen. 194 Menschen wurden aus dem Krankenhaus von Vukovar verschleppt, misshandelt, ermordet und in einem Massengrab nahe Grabovo verscharrt, das sich an der D 2 zwischen Vukovar und Ilok befindet und heute eine Gedenkställe ist. Erst 1998 wurde Vukovar unter den Schutz der UN gestellt und später an Kroatien zurückgegeben. Heute leben noch ca. 30.000 Einwohner in Vukovar, Kroaten und Serben, aber getrennt voneinander, mit eigenen Kindergärten, Schulen und Kneipen. Im Keller des Krankenhauses befindet sich eine eindrucksvolle Gedenkstätte (Montag bis Freitag 8 – 15 Uhr).

Die slawonische Küche bietet Fleisch, Fisch, aber auch Vegetarisches vom Feinsten.

haltener Festungsmauer. Vom empfehlenswerten Stadtmuseum im Schloss Odescalchi hat man den besten Blick über die Donau. Für uns ist es wieder an der Zeit für ein Päuschen. Erneut einem Tipp folgend, umfahren wir die Festung rechts herum bis zum Donauufer. Dort befindet sich das top gestylte Hotel Danube in Bestlage mit Blick auf den Fluss. Sein Restaurant gehört zu den besten Slawoniens und ist außerdem ein beliebter Bikertreff.

Auf dem Rückweg nach Slavonski Brod wählen wir einen Abstecher über Šid auf serbischem Gebiet. Dazu passieren wir zweimal eine EU-Grenze. Wie bereits an der Adria bei Neum werden wir genau kontrolliert, kommen aber problemlos durch und sind nun in Serbien unterwegs. Dort passieren wir einen hübsch angelegten Stausee, der durch die Sidina gebildet wird.

Šid ist ein größeres Dorf, ähnlich denen in Slawonien, jedoch mit einem gravierenden Unterschied: Šid ist völlig intakt. Denn hier war kein Krieg. Der spielte sich nur auf slawonischem Gebiet ab, keine 20 Kilometer entfernt. Beim Wiedereinritt nach Kroatien ein ähnliches Prozedere mit genauen Passkontrollen. Wir folgen der Bahntrasse auf der D 46 und kommen nach **Vinkovci**. Kurz nach dem Bahnübergang befindet sich auf der rechten Seite die Biker-Bar Hang Loose. Eine schicke Bar im Sixties-Style innen und Sitzgelegenheiten draußen, damit man das Schaulaufen der Big Bikes vor der Bar besser betrachten kann. Vinkovci erlitt während den Kriegsjahren ebenfalls erhebliche Schäden, die mittlerweile weitgehend beseitigt sind, zumindest in der Innenstadt. Die Fußgängerzone erstrahlt in neuem barocken Glanz, wirkt aber etwas steril.

Kurz-Check

Streckenlänge: *ca. 326 km.*

Charakter: *Einfach; der erste Teil führt kurvenreich durch ein Mittelgebirge. Der Rest verläuft überwiegend in der Ebene mit langen geraden Abschnitten.*

Highlight: *Die vielen Möglichkeiten, mit slawonischen Bikern in Kontakt zu kommen, egal ob in der Harley Bar, dem Hotel Danuba, dem Hang Loose oder irgendwo auf der Strecke. Die meisten Motorradfahrer sind sehr aufgeschlossen und können oft deutsch oder zumindest englisch.*

Einkehr-Tipp: *In Bilje bei Osijek, direkt am See Biljesko Jezero, bietet das Čingi Lingi Čarda feine slawonische Küche an. Besonders zu empfehlen sind die Fischsuppe und das scharfe Gulasch. Große Freiterrasse direkt am See. Das Lokal ist sehr heimelig und geschmackvoll eingerichtet. Wo? In der Ulica Kralja Zvonimira. Reservierung empfohlen. Tel.: 031-281700.*

Absolutes Muss: *In Slavonski Brod an der Uferpromenade einfach mal ablegen und der idyllischen Save beim Fließen zusehen und sich dabei den lauen Sommerwind um die Nase wehen lassen.*

Übernachten

Die sehr freundliche und hilfsbereite ***Irena Levicki*** *bietet fünf frisch renovierte Privatzimmer mit abschließbarem Parkhof mitten in der Fußgängerzone und der Partymeile in der Ulica Ante Starcevica 4 von Slavonski Brod. DZ (inkl. Frühstück) 48 Euro; Tel.: 035-444 666, mobil: 098-365 000, www.sobe-levicki.com, E-Mail: sobe.levicki@gmail.com. Gut geeignet auch für Gruppen. Irena fährt selbst leidenschaftlich gerne Motorrad und liest ihren Gästen jeden Wunsch von den Lippen ab.*

Über **Ivankova** steuern wir auf der D 46 den alten Bischofssitz **Đakovo** an. Die Landschaft bleibt topfeben. Hin und wieder eine Kurve, ein paar unscheinbare Dörfer, dafür ein zügig befahrbarer Straßenbelag. Bischof Juraj Strossmayer ist es zu verdanken, dass Đakovo seit Mitte des 19. Jahrhunderts über die zweitgrößte Kathedrale Kroatiens verfügt. Mit imposanten 84 Metern Turmhöhe ist sie bereits von weitem sichtbar.

Der Weg nach Slavonski Brod führt uns zunächst auf der D 7 über **Vrpolje** wieder übers platte Land. Das heißt wieder weite Landschaften, wenig Kurven und verschlafene Dörfer. Der Tag neigt sich dem Ende, und wir freuen uns schon auf unsere slawonischen Bikerbrüder und -schwestern in der Harley Bar.

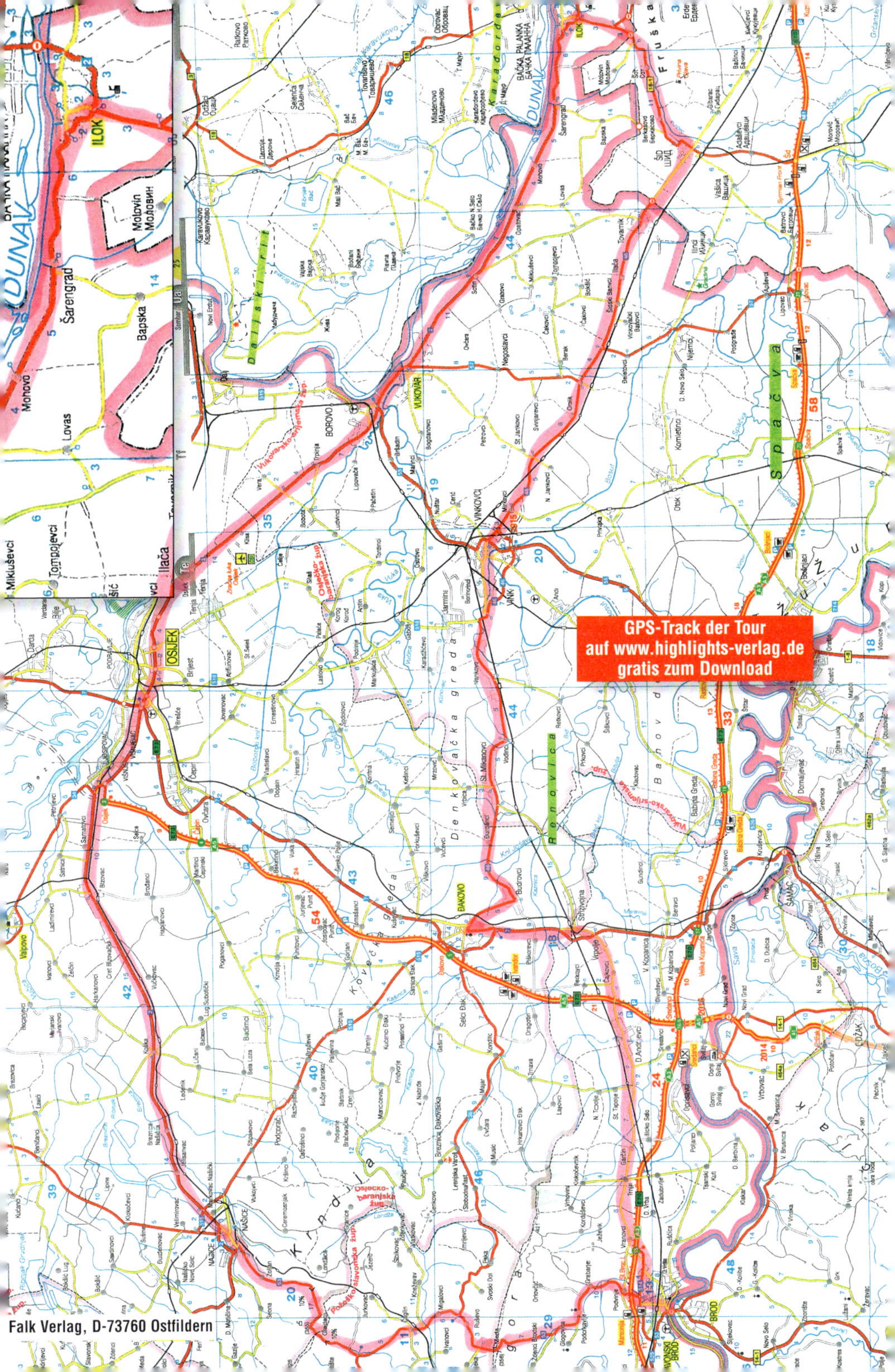
GPS-Track der Tour
auf www.highlights-verlag.de
gratis zum Download
Falk Verlag, D-73760 Ostfildern

Mittel-Kroatien

Zwischen Papuk-Gebirge und den Ufern der Save finden wir landschaftliche Schönheit und Idylle, so natürlich und unberührt, wie sie in Europa nur noch selten anzutreffen ist.

Im touristischen Niemandsland zwischen Zagreb im Westen und Slawonien im Osten befinden sich zwei Naturparks, wie sie unterschiedlicher kaum sein können: Das dicht bewaldete und dünn besiedelte Papuk-Gebirge an der Grenze zu Slawonien gilt als beste Weinregion Kroatiens. Der Naturpark Lonjsko Polje hingegen umfasst eines der größten Sumpfgebiete Europas. Die Save und ihre Nebenflüsse haben dort mit der Region Posavina eine einmalige Flusslandschaft geschaffen, in deren Auen das natürliche Gleichgewicht noch vorhanden ist.

Wir verlassen **Slavonski Brod** über die Vukovarska Ulica, eine Baumallee, die direkt an der alten, sternförmigen Festung aus Habsburger Zeit vorbeiführt. Im frühen 18. Jahrhundert gegen Angriffe der Osmanen erbaut, bot sie Platz für bis zu 4.000 Soldaten und 150 Geschütze. Heute ist sie das Wahrzeichen der Stadt und kann besichtigt werden. Zunächst orientieren wir uns nach Westen in Richtung Zagreb. Nachdem wir die Autobahn A 3 überquert haben, sind die Ausläufer des Dilj-Gebirges bereits am Horizont erkennbar. Noch ist das Gelände flach, was sich am Abzweig nach **Krajačići** ändert: Vorbei an bewirtschafteten Feldern links der Straße und dichtem Buchenwald auf der anderen Seite, schwingen wir uns in schönen langen Kurven warm, die uns allmählich bergauf führen. Bei **Grižići** haben wir bereits eine kleine Anhöhe erreicht, die unseren Blick über das vor

In Pakrac lebten vor dem Bürgerkrieg 28.000 Menschen, heute sind es gerade noch 8.500.

uns liegende Tal der Orljava schweifen lässt. Eine kernige Abfahrt hinunter ins fruchtbare Zlatna dolina (Goldenes Tal) mit geschmeidigen Links-Rechts-Kombinationen lässt den Drehzahlmesser lustvoll zucken. Bei **Pleternica** überqueren wir die Orljava zweimal kurz hintereinander. Hinter dem Friedhof von **Gradac** folgen einige längere gerade Abschnitte, und wir nähern uns zügig **Kutjevo**, dem Epizentrum des slawonischen Weinanbaus. Gleich hinter dem Ortsschild kommen die ersten Hinweise auf diverse Weingüter (Vinski podrum). Insgesamt gibt es über zwei Dutzend Weingüter in und um Kutjevo.

Kapellen, Ruinen und Gedenkstätten – die Wunden des Bürgerkrieges sind noch lange nicht verheilt.

Tipp

Wein aus Kutjevo

Die Hänge des Papuk-Gebirges und die Fruchtbarkeit der Böden in der Umgebung von Kutjevo lassen hervorragende Weine gedeihen, die regelmäßig internationale Preise abräumen. Vor allem Weißweine werden angebaut, allen voran der Graševina. Eines der bekanntesten Weingüter befindet sich im ehemaligen Jesuiten-Kloster der Stadt in der Trg graševine 2, www.kutjevo.com. Dort haben sich bereits die Kaiserin Maria Theresia und Prinz Eugen die edlen Tropfen schmecken lassen. Ebenfalls zu den Top-Adressen gehört das Weingut von Vlado Krauthaker in der Ulica Ivana Jambrovića 6, www.krauthaker.hr.

Gleich hinter Kutjevo beginnt der Naturpark Papuk, und wir lassen unsere Maschinen von der Leine. Eine herrlich kurvige Waldstrecke liegt vor uns, 15 Kilometer keine Gemeinde, nur pralle Natur und ein griffiger Belag. Es geht stetig bergauf bis zum Zentralkamm auf 620 Meter. Nach dem Pass bleibt der Fahrspaß bis runter nach **Duzluk** erhalten, wo uns die Zivilisation wieder empfängt und wir das nördliche Ende des Naturparks erreicht haben. Wir fahren nun weiter bis zur D 2 und biegen in **Orahovica** links ab in Richtung Slatina. Die nächsten zwölf Kilometer sind geprägt von ausgedehnten Streuobstplantagen und vereinzelten Waldparzellen. Die Landschaft ist wieder flach. Deshalb zweigen wir in **Mikleus** links ab in Richtung Voćin und tauchen wieder ein in die unberührte Natur des Parks.

Die in Beton gegossene Tulpenblüte bei Jasenovac erinnert an ein kroatisches Konzentrationslager im Zweiten Weltkrieg.

Bis **Bokane** führt die Strecke flach durch das weitläufige Voćinska-Tal. Dahinter wird es wieder kurvig, der Wald dichter und die Drehzahl höher. Ein Pass taucht auf, 514 Meter hoch. Dahinter, bei Novo Zvečevo, liegt linker Hand der kleine versteckte See Zvečevo jezero an einer idyllischen Waldlichtung, die sich prima für ein Picknick eignet.

Jetzt folgt eine Wedelstrecke, die die Herzen der Schräglagen-Fraktion höher schlagen lässt – das Papuk-Gebirge bietet an seinem Südhang nochmals Fahrfreude pur. Die Straße endet an der D 38, wo wir rechts in Richtung Pakrac abbiegen.

Auf das, was uns während der nächsten Kilometer bis Pakrac erwartet, sind wir nicht vorbereitet. Und es übertrifft alles bisher in Vukovar und Umgebung Gesehene. Alles beginnt mit einem Ge-

Tipp

Das »Auschwitz des Balkans«

Der Konflikt zwischen Serben und Kroaten schwelt nicht erst seit dem Bürgerkrieg. Die im 2. Weltkrieg führende faschistische Ustaša-Regierung arbeitete gezielt an der Vernichtung der Serben in der Region. Grundlage dafür waren neue Rassengesetze von 1941 des damals gerade gegründeten »Unabhängigen Staates Kroatien«, die gezielt die Ermordung von Serben, Juden, Sinti und Roma im Sinn hatten. 1942 wurde das Konzentrationslager in Jasenovac in Betrieb genommen. Anders als in den KZ der Nazis wurden die Opfer erschossen, erschlagen oder abgestochen. Schätzungen gehen von über 80.000 Mordopfern aus, mehr als die Hälfte davon Serben. (Montag bis Freitag 9 - 17 Uhr). www.jusp-jasenovac.hr.

denkstein für die Gefallenen des Bürgerkriegs 1991/92, gleich nachdem wir auf die D 38 abbiegen. Wie wir später erfahren, verlief hier die Frontlinie. Die Dörfer bis Pakrac waren damals überwiegend von Serben bewohnt. Und selbst über 20 Jahre nach dem Krieg bietet sich uns ein Bild der Verwüstung: Fast auf jedem Grundstück befindet sich die Ruine eines völlig zerstörten Wohnhauses, davor steht ein neues unverputztes Haus. Auf einem Grundstück in **Bučje** wurde vor der Ruine eines Hauses eine Kapelle mit zwei Gedenksteinen und einer gehissten Kroatienflagge errichtet. Kein Mensch ist weit und breit zu sehen, als wäre noch immer Krieg. Die Landschaft ist traumhaft, die Strecke perfekt, aber so richtig freuen können wir uns darüber nicht.

Pakrac ist ein Ort, in dem vor 1991 28.000 Menschen lebten, heute sind es keine 10.000 mehr. Im Thermalort **Lipik** biegen wir auf die D 47 in Richtung Novska. Hinter Jagma erklimmen wir einen sanften Bergrücken und bleiben dort bis **Broćice**. Immer wieder gibt es weitreichende Fernsichten über die hügelige Landschaft. Die wenigen Dörfer, durch die wir kommen, sind geprägt von sinnloser Zerstörung. Wir überqueren die Strug über eine neue Brücke, die alte wurde zerstört und steht als Ruine rechts direkt neben der neuen. Wenig später erreichen wir das weitläufige Tal der Save. In einem freien Feld steht mittendrin eine Skulptur, die aussieht wie eine riesige, aus Beton gegossene Tul-

Mitten in einer der schönsten Naturlandschaften Europas

Die Auenlandschaft der Save ist in Europa einzigartig und seit 1998 geschützter Naturpark.

Manche der Posavina-Häuser sind über 200 Jahre alt und ganz aus Holz gebaut.

penblüte. Das sehen wir uns genauer an und biegen am Hinweisschild (Spomen podrucje Jasenovac) links ab. Die Skulptur entpuppt sich als Mahnmal zur Erinnerung an das einzige nicht von den Nazis betriebene Vernichtungslager im 2. Weltkrieg.

Jetzt folgt der landschaftlich schönste Abschnitt der Tour – wir sind im Naturpark Lonjsko Polje angekommen. Das Einzugsgebiet der Save, das sich von Sisak bis zur bosnischen Grenze stark mäandrierend erstreckt, wurde 1998 zum Naturpark erklärt. Die faszinierende Auenlandschaft beherbergt über 250 Vogelarten. Im Dorf Čigoć gibt es sogar mehr Weißstörche als Einwohner, was ihm den Titel »Europäisches Storchendorf« einbrachte.

Der letzte Streckenabschnitt der Tour führt uns direkt an der Save entlang bis nach Sisak. Auf diesen 70 Kilometern steht nicht das fahrerische Vergnügen im Vordergrund, sondern der direkte Kontakt mit einer der schönsten Naturlandschaften Europas. Das schmale Sträßchen ist in keinem besonders guten Zustand, trotzdem problemlos zu befahren. Oft steht zwischen dem Fluss und der Straße nur eine niedrige Steinmauer oder ein grasbewachsener Erdwall, sodass genügend Sicht auf den Fluss erhalten bleibt. Mal begegnen uns die typischen Posavina-Pferde, die am Ufer grasen, oder ganze Storch-Familien auf der Suche nach Futter, was hier reichlich vorhanden ist. In den Abendstunden gibt es Froschkonzerte gratis. Mit etwas Glück kann man sogar Seeadler

Übernachten

*In Čigoć kann man in einem der **Posavina-Holzhäuser** preisgünstig übernachten. Ein Restaurant mit traditioneller Küche ist ebenfalls dabei. Tradicije Čigoć, Čigoć 7a, Tel.: 044-715 124, mobil: 099-264 4555; DZ (inkl. Frühstück) 52 Euro; www.tradicije-cigoc.hr.*

und Biber entdecken. Streckenweise fahren wir durch undurchdringlichen Urwald, dann wieder durch eine Gräserlandschaft, die im Wind immer neue Muster erzeugt. Solche unberührte Naturlandschaften sind in Deutschland selten geworden.

Auch die Häuser verändern sich mit fortschreitendem Verlauf. Anfangs sind es noch Steinhäuser, die zunehmend durch urige Holzhäuser abgelöst werden. Manche sind über 200 Jahre alt und sehen aus, als würden sie gleich zusammenbrechen, so krumm und schief sind sie. Ihr Aufbau ist ähnlich: Alle Häuser sind zweigeschossig, haben eine überdachte Außentreppe, auf den Dächern nisten Störche. Es sind diese traditionellen Posavina-Häuser, die uns gefühlt in eine andere Zeit zurückversetzen.

Kurz-Check

Streckenlänge: *ca. 265 km.*
Charakter: *Einfach bis mittelschwer; ein Mix aus schnellen geraden Abschnitten und kurvenreichen Waldstrecken mit abschließendem gemütlichen Sightseeing an der Save entlang, das macht die Tour überaus abwechslungsreich.*
Highlight: *Die letzten 70 km an der Save entlang beeindrucken durch ausgeprägte landschaftliche Schönheit und Idylle, wie sie nur selten in Europa anzutreffen ist.*
Einkehr-Tipp: *Das Restaurant Cocktail liegt an der Hauptgeschäftsstraße in der Altstadt. Bestes Lokal der Stadt mit moderaten Preisen. Es gibt eine große Auswahl an Fischgerichten, aber auch Fleisch usw; Ulica Ante Starčevića 27, in Sisak; Tel.: 044-549 137, mobil: 091-269 2999; www.cocktail.hr, E-Mail: cocktail@cocktail.hr.*
Absolutes Muss: *Abends in Sisak erst essen gehen im edlen Cocktail, dann mit kleinem Verdauungs-Spaziergang rüber zur schicken Kupa-Promenade, der Partymeile Sisaks (Sisaker feiern gerne), zum Abschluss zurück in die Ante Starčevića 13 zum Café Charlie Brown. Dort geschmeidig ausklingen lassen bei Live-Musik bis die Sonne kommt.*

Übernachten

*Die Apartments **Bijela lađa** in Sisak sind modern eingerichtete Ferienwohnungen mit Kochgelegenheit und bieten eigene Parkplätze, Sauna, Blick auf die Kupa und ein gutes Restaurant im gleichen Haus. Es steht auf der gegenüberliegenden Uferseite der Kupa-Promenade. Diese ist über die alte Steinbrücke (Stari most) schnell zu Fuß erreichbar; Lađarska ulica 5-9, Tel.: 099 600 5887.*

Je näher wir **Sisak** kommen, desto moderner erscheinen die Dörfer, und wir werden behutsam wieder in die Jetzt-Zeit zurückgeholt. Die Ausläufer Sisaks vermitteln zunächst einen eher düsteren Eindruck einer Industriestadt. Doch je weiter wir ins Zentrum vorstoßen, desto reizvoller wird der Ort. Sisak liegt mit seinen gut 48.000 Einwohnern an den Mündungen von Odra, Kupa und Save, was den Ort zum größten Binnenhafen Kroatiens gemacht hat, der vor allem im Mittelalter strategisch enorm wertvoll war. Deshalb war die Stadt auch für die eindringenden Osmanen hoch attraktiv. Doch die Festung hielt, und die Osmanen mussten ihre bis dato erste schwere Niederlage einstecken, ihr Vormarsch nach Europa war zunächst gestoppt. Darauf sind die Sisaker bis heute besonders stolz, deshalb ist ihre dreieckige Festung das Wahrzeichen der Stadt. Am Ufer der Kupa befindet sich eine hübsche Flanier-Promenade, an der man gut Essen und abfeiern kann, denn hier finden immer wieder kleinere und größere Feste statt.

GPS-Track der Tour
auf www.highlights-verlag.de
gratis zum Download
© Falk Verlag, D-73760 Ostfildern

Rund um Zagreb

Diese fahraktive Runde wedelt in ungezählten Kurven gleich durch mehrere von lauschigen Flüssen durchzogenen Mittelgebirge.

Die Attraktivität Zagrebs für Besucher steigt seit Ende des Bürgerkriegs von Jahr zu Jahr enorm an. Aber auch das Umland hat viel zu bieten. Am Fuß des Medvednica-Gebirges und im Einzugsgebiet bedeutender Flüsse wie Dobra, Kupa, Mrežnica und Korana beeindruckt die Region mit reichlich Natur und traumhaften Bikerpisten.

Die kroatische Hauptstadt **Zagreb** vereint viele Attribute auf sich: Regierungssitz, Universitätsstadt, Bischofssitz, Barockstadt und vieles mehr. Hier lässt es sich gut shoppen, in den Parks den Urlaub genießen und die Nächte durchfeiern. Deshalb haben wir uns für Zagreb als Ausgangspunkt für unsere Tour entschieden.

Wir starten in der Nähe des Hauptbahnhofs und orientieren uns zunächst in Richtung Süden. Dann weiter den Hinweisschildern Velika Gorica beziehungsweise Flughafen Zračna luka nach. Hinter zwei Autobahn-Unterquerungen nähern wir uns dem Flughafengelände. **Velika Gorica** umfahren wir östlich, indem wir uns den Hinweisen nach Sisak anschließen. Nach Überquerung der Autobahn A 11 lockt endlich die freie Natur: Abrupt lassen wir die besiedelten Gebiete hinter uns und freuen uns über griffigen Asphalt, wenig Verkehr und ein bunt gemischtes Sammelsurium aus Weingütern, Felderwirtschaft, Buchen- und Eichenwäldern. Das Gelände wird zunehmend hügeliger. Wir erreichen die ersten Ausläufer des Vukomericke-Gebirges, das sich sanft

Cruisen vor malerischer Kulisse – im reizenden Tal des Flusses Dobra lässt man den Alltag weit hinter sich.

aus der Pannonischen Tiefebene erhebt. Das sorgt für zunehmenden Fahrspaß in der weitgehend menschenleeren Gegend – die Bevölkerung wandert zunehmend ab in die umliegenden Zentren wie Zagreb, Karlovac und Sisak.

Wir bleiben auf der D 31 immer weiter in Richtung **Pokupsko**. Die Strecke hält uns auf Trab. Es geht rauf und runter, mal in engen Kurven, dann wieder lang gezogen. Es ist alles dabei, was Laune macht. Kurz vor Pokupsko zweigt die D 36 nach rechts ab in Richtung Karlovac, unserem nächsten Etappenziel. Die Straße bleibt bikerfreundlich und gewährt weitere erquickliche Wedelmomente. Wir nähern uns dem Kupa-Fluss. Er entspringt im Risnjak-Gebirge und markiert streckenweise die Grenze zwischen Kroatien und Slowenien. An einer Wegkreuzung verlassen wir die D 36 und folgen der Kupa an ihrer orografisch linken Uferseite auf einem schmalen Feldweg. Nach dem letzten Haus endet der Asphalt, und die Fahrt geht auf Schotter weiter, was fahrerisch keine Probleme bereitet. Der Feldweg verläuft direkt am Ufer entlang, und die Idylle ist wie geschaffen für ein kleines Picknick-Päuschen. Von einem Bad im Fluss sollte man allerdings absehen. Die Kupa gilt als PCB-belastet.

Wir sind nun wieder in der Ebene angelangt. Deutlich dominiert jetzt die Felderwirtschaft, die Bevölkerungsdichte nimmt zu, je mehr wir uns **Karlovac** nähern. Die Häuser der Außenbezirke sehen nicht sehr frisch aus, Zerstörung ist immer noch sichtbar. Aber es wird auch neu aufgebaut. Dieser Prozess wird vermutlich noch viele Jahre dauern. Wir überqueren die Kupa, die in einem breiten Bett durch die Stadt geführt wird. Dahinter beginnt die Altstadt mit ihren schachbrettartig angelegten Straßen und barocken Fassaden. Die sind leider etwas heruntergekommen, dabei könnte man eine ganze Menge daraus machen. Die Altstadt wurde hineingebaut in eine sternförmige, teilweise noch gut erkennbare Festungsanlage, die von den Habsburgern im 16. Jahrhundert zum Schutz gegen die Osmanen errichtet wurde. Karlovac (früher Carlstadt) wird auch die »Vier-Flüsse-Stadt« genannt. Denn

Oberhalb der Dobra steht das alte Novigrader Schloss, das besichtigt werden kann.

Alles ist im Fluss – bei dieser Tour rund um Zagreb ist Wasser unser ständiger Begleiter.

hier kommen Dobra, Mrežnica und Korana zusammen und münden in die Kupa. Jetzt kann man endlich baden: Die Korana bietet ein paar schöne Stellen.

Wir setzen unsere Tour fort auf der D 23 durch das Mrežnica-Tal. Die Mrežnica ist ein sogenannter Karst-Fluss. Seine Besonderheit ist seine Klarheit und leicht smaragdgrüne Färbung. Im Sommer wird er bis zu 24 Grad warm und ist sehr beliebt zum Baden. Beste Adresse hierfür ist das Städtchen Duga Resa, zirka acht Kilometer südwestlich von Karlovac.

Neben der Bahntrasse fahren wir durch das zunächst noch dicht besiedelte Tal. Je weiter wir uns jedoch von Karlovac entfernen, desto mehr gewinnt die Einsamkeit wieder die Oberhand. Hinter **Gornji Zvečaj** verlassen wir das Tal. Die Straße bleibt wunderbar kurvig und führt uns durch die liebliche Gegend, in der sich saftig grüne Weideflächen und dichte Waldabschnitte abwechseln. Hinter **Zdenac** fahren wir auf einer mit Statuen und einem Wappen aufwändig verzierten Steinbrücke über die Tounjčica. Sie ist der wichtigste Zufluss der Mrežnica und entspringt unweit der Brücke in Tounj in einer Karsthöhle, die zu Fuß begehbar ist.

Weiter geht es durch ein Waldstück, bevor wir **Skradnik** erreichen. Dort verlassen wir die D 23 und orientieren uns in Richtung Ogulin. Dann wechseln wir wieder, diesmal auf die D 42, verlassen sie aber gleich wieder auf ein schmales Sträßchen, das uns nach Westen zum Stausee Jezero Sabljaki führt, einem in der Umgebung beliebten Bade- und Freizeit-See.

Wir kommen nach **Ogulin** am Fuß

des 1.181 Meter hohen Bergs Klek. Das schmucke Städtchen ist Treffpunkt für Wander- und Kletterfreunde aus der Umgebung von Zagreb, die es in das Gorski-Kotar-Gebirge zieht. In diesem weitläufigen Areal leben noch Luchse, Wildkatzen und Bären. Ogulin selber liegt am Ende des Dobra-Tals. Der Fluss versickert im löchrigen Karstgestein direkt neben der Hauptstraße in einem Felskessel, ähnlich wie die Donau auf der Schwäbischen Alb. 16 Kilometer weiter taucht er nordöstlich wieder auf, nachdem er die längste Höhle Kroatiens, die Medvedica, durchflossen hat. Eine weitere Sehenswürdigkeit Ogulins ist die Festung der Familie Frankopan aus dem 15. Jahrhundert, der mächtigsten Adelsfamilie Kroatiens im Mittelalter. Sie errichtete die Anlage zum Schutz gegen die heranstürmenden Osmanen. Das heutige Ogulin entwickelte sich um die Festung herum, so auch das Hotel-Restaurant Frankopan direkt daneben, das zu einer gemütlichen Pause einlädt.

Wir fahren weiter talaufwärts an der Ostflanke des Klek-Gipfels entlang, der aussieht, wie ein schlafender Riese.

Mit zehnprozentiger Steigung geht es knackig bergan

Nach acht Kilometern überqueren wir die Dobra, und mit zehnprozentiger Steigung geht es auf dem schmalen Sträßchen immer weiter bergauf. Genusswedeln ist angesagt. Allmählich nähern wir uns der Autobahn A 6, die Rijeka mit Karlovac verbindet und unter uns in zwei Tunnelröhren verschwindet. Der Ort **Vrbosko** ist erreicht, wir verlassen das idyllische Dobra-Tal und drehen

Eine Motorradstrecke vom Feinsten durchquert das 800 Meter hohe Žumberačka-Gebirge.

nach Norden auf die slowenische Grenze zu. Bei **Severin na Kupi** treffen wir auf eine alte Bekannte: die Kupa, die auf slowenisch Kolpa heißt und die Grenze bildet zwischen Kroatien und Slowenien. Die D 3 verläuft parallel zur Grenze oberhalb der tief eingeschnittenen Schlucht der Kupa. Den Fluss bekommen wir allerdings nur selten zu sehen aufgrund der dicht begrünten Strecke. Alle paar Kilometer lockt ein nettes Lokal am Straßenrand zum gepflegten Pausen-Stopp.

Bei **Vukova Gorica** verlassen wir die Grenze, fahren östlich unter der Autobahn A 1 hindurch und steuern auf den nächsten ebenfalls bereits bekannten Fluss zu, die Dobra. Sie führt schon deutlich mehr Wasser als noch in Ogulin. Zügig nähern wir ihr uns, bleiben an der linken Uferseite. Direkt an der blauen Brücke über den Fluss steht links das Motel Dobra mit vier B&B-Zimmern und einer wunderschönen Terrasse direkt über der Dobra – für den kleinen Hunger wie geschaffen und sehr empfehlenswert, vor allem die Omeletts.

Die Strecke, die nun vor uns liegt ist etwas für den kleinen Kurvenhunger. Einträchtig neben der Dobra nimmt die Straße jede Biegung des Flusses mit. Die Fahrbahn ist schmal, ohne Mittelstreifen, ohne Leitplanken und damit ideal für genüssliches Cruisen abseits jeglichen Verkehrs. Auf der gegenüberliegenden Talseite entdecken wir die Ruine des alten Novigrader Schlosses, das besichtigt werden kann. Dazu die alte Steinbrücke überqueren und dann den Berg hoch.

Nach 16 Kilometern verabschieden wir uns bei **Jaškovo** endgültig von der

Zagrebs Oberstadt verwöhnt den Besucher mit einer urgemütlichen Café-Zeile.

Tipp

Bier aus Karlovac

Seit 1854 wird in Karlovac Bier gebraut. Die Firma Karlovačka pivovara ist eine der bekanntesten Brauereien in Kroatien. 2003 wurde sie an die Heineken Group verkauft. Das Karlovačko pivo ist die bekannteste Marke. Weitere Biere sind das helle Karlovačko svijetlo, das dunkle Karlovačko crno und ein »Winterbier« namens Karlovačko zimsko. Bei internationalen Biermessen räumen die Biere immer wieder Goldmedaillen ab. Ende August/Anfang September finden die Karlovacer Biertage (Karlovački dani piva) statt. Ein Musikfest, das zu den größten Volksfesten in Kroatien zählt.

Dobra. Denn wenig später kommt es zur Vermählung mit dem Kupa-Fluss, bei der sie ihren Mädchennamen aufgibt. Mit der Einmündung in die D 505 hat uns der Verkehr wieder. Wir kommen nach **Ozalj**, einen schmucken Ort direkt an der Kupa. Diesmal fahren wir über die Brücke, bleiben aber auf der D 505. Die nimmt nun Kurs auf das Žumberačka-Gebirge, dessen Verlauf wir gerne folgen. Wechselnde Abschnitte mit ausgedehnten Feldern und dichten, angenehm kühlen Wäldern lassen die Herzen unserer Motorräder in den höchsten Drehzahlen jubeln. Wir tauchen tief ein in das vor uns liegende Mittelgebirge, das mit seinen dicht bewaldeten Hügeln ein landschaftlicher Leckerbissen ist. Durch Täler und über Höhen kurven wir uns auf fast 800 Meter hinauf. Hin und wieder kommen wir durch kleine Dörfchen, die unseren Fahrfluss jedoch kaum bremsen. Ganz nah bringt uns die Route heran an die grüne Grenze zu Slowenien.

Bei **Bregana** ist der Ritt durch die Berge jäh zu Ende. Die Ebene hat uns wieder, was gleich mit einer ewig langen Geraden quittiert wird. Vor uns liegt die Barockstadt **Samobor** mit einer sehr hübschen Altstadt, wie geschaffen für ein letztes Kaffee-Päuschen, bevor wir unser Tagesziel Zagreb erreichen und der Kreis sich schließt.

Kurz-Check

Streckenlänge: *ca. 324 km.*
Charakter: *mittelschwer; im Gegensatz zu Slawonien gibt es diesmal Kurven satt. Lieber öfter mal eine Pause machen, bevor die Handgelenke anfangen zu schmerzen. Mehrere Mittelgebirge werden angefahren, in denen unzählige Flüsse und Bäche entspringen, die sich wie ein Netz in die Region legen.*
Highlight: *Die D 505 zwischen Karlovac, Slowenien und Samobor räumt so ziemlich alles ab, was Biken zum Genuss macht: Flüsse, Wälder, Felder, Berge, Täler, Kurven, Kurven, Kurven …*
Einkehr-Tipp: *In Ogulin befindet sich das Hotel-Restaurant Frankopan direkt neben der mächtigen Festung. Bestes Lokal der Stadt mit zwar gehobenen Preisen, aber dennoch preiswert. Mit schönem Innenhof zum draußen sitzen, der bei Bedarf geschlossen werden kann. Spezialität sind Wildgerichte; Ulica Ivana Gorana Kovačića 1, Ogulin; Tel.: 047-525 509; www.hotel-frankopan.hr, E-Mail: hotel-frankopan@hotel-frankopan.hr.*
Absolutes Muss: *Kein Zweifel: eindeutig die Straße Tkalčićeva in Zagreb. Alles drin fürs Auge, für den Magen, für die Leber, für die Ohren und für das Herz.*

Übernachten

*Das **Garden Hotel** in Zagreb steht neben dem Botanischen Garten in der Nähe des Bahnhofs, ist frisch renoviert und bietet ein sehr gutes Preis-Leistungs-Verhältnis. Die Zimmer sind geräumig und sauber. Und es hat einen Hinterhof-Parkplatz mit teilweise überdachten Plätzen. Ulica Valentina Vodnika 13, in Zagreb; DZ (inklusive) Frühstück 95 - 135 Euro; Tel.: 01-4843 720; www.gardenhotel.hr.*

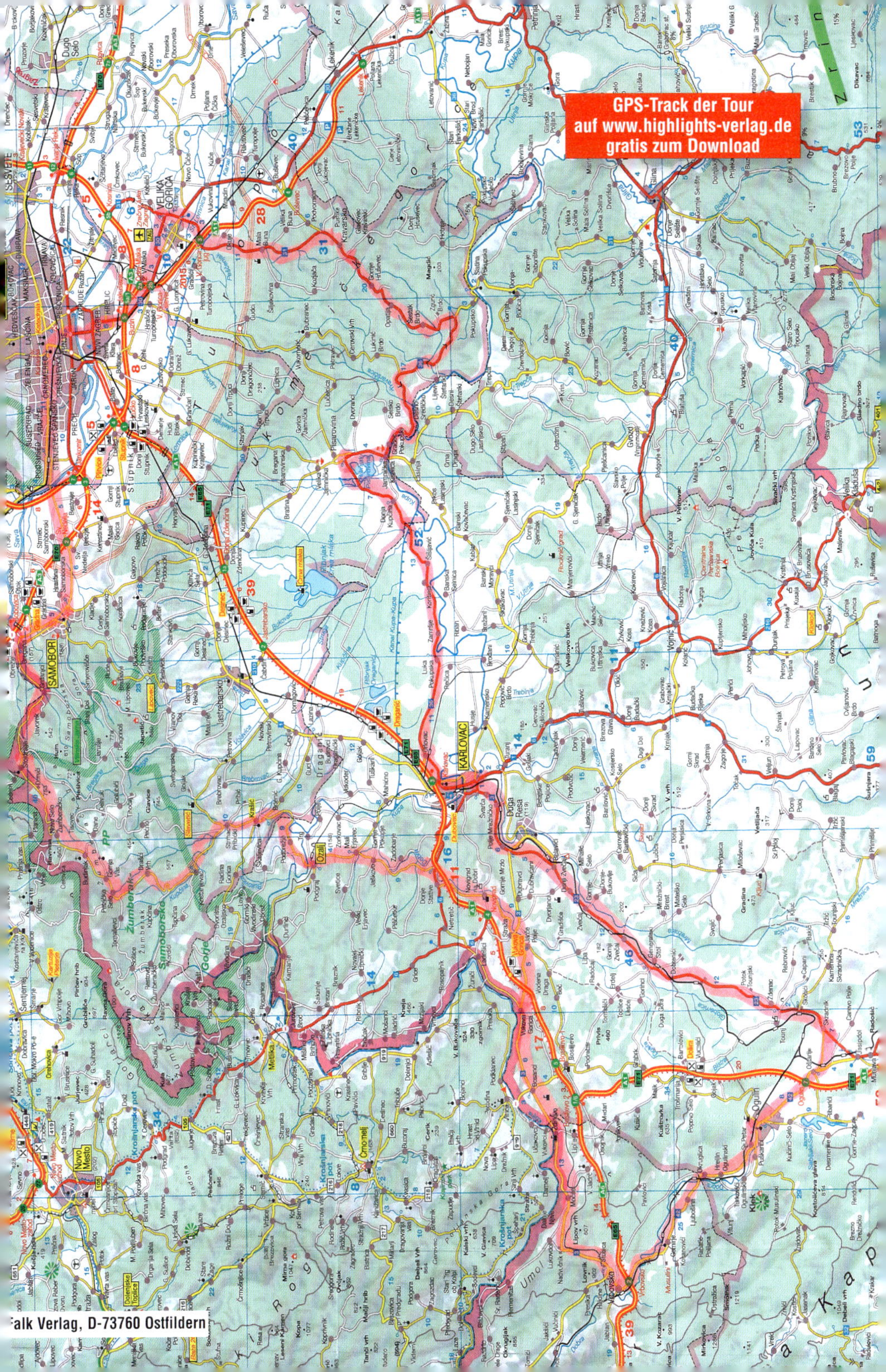
GPS-Track der Tour
auf www.highlights-verlag.de
gratis zum Download
VELIKA GORICA
SAMOBOR
KARLOVAC
Duga Resa
Ozalj
Metlika
Črnomelj
Novo Mesto
Ogulin
Vojnić
Žumberak
Samoborsko

Zagreb – der Geheimtipp

Wie aus zwei verfeindeten Gemeinden beste Freunde fürs Leben wurden.

Anders als viele andere kroatische Städte, die meistens aus römischen Siedlungen hervorgingen, ist Zagreb rein kroatischen Ursprungs und noch relativ jung. Auf zwei benachbarten Hügeln standen einst die Dörfer Kaptol und Gradec, im Jahr 1094 erstmalig erwähnt. In Kaptol, dem Bischofssitz, residierte der Klerus, auf dem benachbarten Hügel Gradec ließen sich reiche Kaufleute und Handwerker nieder. Kein Wunder, dass sich Interessenskonflikte bildeten und es immer wieder zu Streitereien kam. 1850 wurden die beiden Gemeinden friedlich zusammengefasst, und Zagreb war geboren. Heute bilden Kaptol und Gradec die beiden Altstadtviertel in der Oberstadt (Gornji Grad) mit ihrem ganz unterschiedlichem Charme. Oberstadt und Unterstadt (Donji Grad) kommen gemeinsam auf 790.000 Einwohner.

Zagreb ist Universitätsstadt, und seit Billigfluglinien die Metropole ins Programm genommen haben, kommt viel junges Volk hierher. Die Stadt lernt man am besten zu Fuß kennen. Der Vorteil: Fast alle interessanten Plätze und Gebäude sind in unmittelbarer Nähe. Da wäre zunächst die Ilica, die längste Straße Kroatiens und Haupt-Shoppingmeile. Direkt angrenzend befindet sich der zentrale Treffpunkt Trg bana Jelačića an der Grenze zwischen Ober- und Unterstadt. Geht man nach Westen auf der Ilica entlang, kommt man am Museum der zerbrochenen Beziehungen vorbei. Geht man nun weiter und biegt in die Tomićeva-Straße ein, gelangt man zur Zahnradbahn, die in die Oberstadt und zum Stadtturm Lotršžak führt. Oben vom Turm hat man den besten Blick über die Stadt. Wer Lust auf das sehenswerte Regierungsviertel und dessen historische Gebäude verspürt: es kommt gleich dahinter.

Durch das östlich gelegene Steintor Kamenita Vrata gelangt man schließlich zu der Partymeile Zagrebs schlechthin,

Hier warten die gemütlichsten Restaurants und die leckersten Eisdielen

die hübsch angelegte Tkalčićeva. Hier reihen sich die besten Restaurants an die gemütlichsten Cafés und die leckersten Eisdielen. Hier heißt es Sehen und Gesehen werden. Und an den lauen Sommerabenden gesellen sich Straßenkünstler und -musiker dazu, die für entsprechende Stimmung sorgen. Nach Süden hin mündet die Tkalčićeva in den Marktplatz (Trg Dolac; täglich 7.00 - 15.00 Uhr, Sonntag 7.00 - 13.00 Uhr).

Geht man nun schnurstracks in Richtung Süden auf den Bahnhof zu, kommt man an etlichen Parks und Häusern im Renaissance-Stil vorbei, als da wären: das Archäölogische Museum am Trg Nikole Zrinskog, die Strossmayer-Galerie der Alten Meister am Trg Strossmayerov mit Denkmal, die Moderne Galerie und der Kunstpavillon am Trg kralja Tomislava mit dem Reiterdenkmal Tomislavs. Und dann wären wir auch schon am Hauptbahnhof und nicht mehr weit weg vom Hotel Garden.

ZET
USPINJAČA

Domaća Kuhinja
TRADICIONAL CUISINE

KRALJ
TOMISLAV

Anreise

• Am schnellsten:
Wer auf eine der vielen wunderbaren Varianten kreuz und quer durch die Alpen verzichten möchte und einfach nur schnell ins Zielgebiet kommen will, nimmt am besten die Autobahnen durch Österreich und Slowenien. Dafür darf man dann auch ordentlich Gebühren bezahlen.
Salzburg – Zagreb: 420 km
Salzburg – Rijeka: 390 km

• Abseits der Hauptroute:
Bei schönem Wetter bietet sich die Anreise über die mautpflichtige Großglockner-Hochalpenstraße oder die Nockberge weiter östlich an. Falls die in den Wolken sein sollten, bieten Felbertauern- (B 108) und Katschbergstraße (B 99) gute Alternativen. Slowenien verdient ebenfalls mehr Aufmerksamkeit. Über den Wurzenpass und Kranjska Gora gelangt man in 50 Kehren über den 1.611 m hohen Vršič-Pass und weiter durch das wildromantische Soča-Tal. Auch ein Zwischenstopp in der Barockstadt Ljubljana ist zu empfehlen.

• Mautgebühren (für Motorräder):
Autobahn Österreich: 10-Tages-Ticket: 5,80 Euro; 2-Monats-Ticket: 14,50 Euro.
Karawanken-Tunnel: 7,40 Euro (einfach).
Felbertauern: 12 Euro (einfach); Tauern- und Katschbergtunnel: 13,50 Euro (einfach)
Autobahnen in Slowenien: 7-Tages-Ticket: 7,50 Euro; 6-Monats-Ticket: 30 Euro.

Verkehrsbestimmungen (Kroatien)

Höchstgeschwindigkeiten:
- Autobahnen: 130 km/h
- außerhalb geschlossener Ortschaften:
  110 km/h (zweispurige Schnellstraße)
  90 km/h (einspurig)
- innerhalb geschlossener Ortschaften:
  50 km/h

- Abblend-/Tagfahrlicht: für Motorräder auch tagsüber Pflicht.
- Warnweste: Landstraßen/Autobahnen bei außerplanmäßigen Stopps.
- Blinken: während des gesamten Überholvorgangs.
- Schul-/Kinderbusse: Überholverbot solange der Bus zum Ein- und Aussteigen anhält.
- Promillegrenze: 0,5 (unter 24 J. 0,0)

Währung

Kroatien gehört zwar seit 2013 zur EU, aber erst seit 2023 zur Europäischen Währungsunion EWU. Wie auch immer - die Kroatische Kuna (HRK) hat als Zahlungsmittel ausgedient, und wir können endlich in Euro bezahlen.

Landkarten

Empfehlenswert sind folgende Karten: **freytag & berndt** »Kroatien Süd« und »Kroatien Nord«, beide im Maßstab 1:200.000, als Bundle für 19,90 Euro. **Marco Polo** »Kroatische Küste, Slowenien«, im Maßstab 1:300.000 für 9,99 Euro. Wer keine Faltkarten mag, ist gut bedient mit dem **Marco Polo** »Reiseatlas Slowenien, Kroatien, Bosnien und Herzegowina«, im Maßstab 1:300.000 für 12,99 Euro.

Fähren

Die meisten der kroatischen Inseln im Mittelmeer werden von der **Reederei Jadrolinija** angesteuert. Wer sich vorab über die Fahrtzeiten informieren möchte (durchaus sinnvoll), kann dies tun unter www.jadrolinija.hr. Die Webseite ist auch auf Deutsch. Außerdem gibt es noch die **Reederei Rapska plovidba**, die zum Beispiel zwischen der Insel Rab und dem Festland verkehrt. www.rapska-plovidba.hr/home_de.html.

Reisezeit und Klima

Die schönste Reisezeit ist im Spätsommer (September bis Mitte Oktober), wenn das Meer noch warm zum Baden ist und die meisten Touristen bereits die Inseln wieder verlassen haben. Dann wird es ruhiger an der Küste, die Einheimischen sind wieder etwas entspannter und die Preise niedriger. Mai und Juni sind ebenfalls empfehlenswert, jedoch ist die Wettersicherheit noch nicht gegeben.

Selbst im Juni kann es noch passieren, dass man im Hinterland bei Minustemperaturen bedauert, keinen Pulli mitgenommen zu haben. Gefürchtet ist die Bura, ein extrem kalter und kräftiger Fallwind, der bis zu 120 km/h schnell werden und Dächer abdecken kann. Die nackten Felsen der Inseln in der Kvarner Bucht sind auf den Einfluss des Bura-Windes zurückzuführen. Die Zeiten sind vorbei, in denen sich viele Straßen bei Regen in Rutschbahnen verwandelten. Zumindest alle Hauptstraßen lassen sich mittlerweile auch bei Regen sehr gut befahren.

Bevölkerung

Kroatien hat 4,5 Millionen Einwohner, davon ca. 90 Prozent Kroaten. Außerdem leben in Kroatien Serben, Italiener, Bosnier und weitere Gruppen angrenzender Nachbarstaaten. Die Erlebnisse aus dem Bürgerkrieg sind noch nicht ganz verarbeitet. Vor allem zwischen Kroaten und Serben bestehen noch tiefe Gräben. Ansonsten ist das kroatische Volk äußerst gastfreundlich und hilfsbereit. Viele bemühen sich deutsch zu sprechen, gegenüber Motorradfahrern sind sie besonders aufgeschlossen.

Kulinarisches

• Essen:

Die kroatische Küche ist eher deftig und

fleisch- oder fischlastig (an den Küsten). Kroaten grillen gerne, auch ihr Gemüse. Vegetarier haben es da schwer, satt zu werden. In den Restaurants wird meistens sehr opulent aufgetischt. Viele Gerichte sind auch in Deutschland durchaus bekannt wie zum Beispiel Čevapčići oder Ražnjići. Es gibt lokale Besonderheiten wie beispielsweise Trüffel und Austern, für die vor allem Istrien bekannt ist. Die Insel Pag ist Heimat des berühmten Paški-Sir-Käse, und Dalmatien räuchert den deftigen Pršut-Schinken. Die Gerichte im Norden und im Hinterland sind eher geprägt vom Einfluss der Küche Österreichs und Ungarns. Wie überall im Mittelmeerraum existieren natürlich auch in Kroatien jede Menge Pizzerien und italienisch beeinflusste Gerichte.

• Trinken:
Wein gehört im mediterranen Raum einfach dazu, wie das Bier zum Oktoberfest. Je nach Bodenbeschaffenheit und klimatischen Bedingungen sind bestimmte Regionen bekannt für spezielle Rebsorten wie zum Beispiel der weiße Graševina aus Slawonien oder die roten Plavac Mali und Dingač von der Halbinsel Pelješac. Zunehmend sind es kleine Weingüter, die internationale Preise einstreichen. Auch Bier hat eine lange Tradition in Kroatien, allen voran die Biere aus der Firma Karlovačka pivovara in Karlovac, die bereits seit über 160 Jahren gebraut werden. Hochprozentiges gehört ebenfalls zur langen Tradition. Jedes Landgut stellt seinen eigenen Schnaps her. Der berühmteste von allen ist aber der Šljivovica, der aus Pflaumen gebrannt wird. In der Nähe von Zadar gibt es den Maraschino aus einer speziell gezüchteten Kirschsorte.

Internet-Adressen

www.croatia.hr
➠ Offizielle Website der kroatischen Tourismuszentrale.

www.forum-kroatien.de
➠ Sehr aktives privates Forum, das keine Frage unbeantwortet lässt.

www.desmoadventure.com
➠ Professioneller Motorradvermieter und Reiseveranstalter mit Lieferservice.

www.feinkost-aus-kroatien.de
➠ Zur Urlaubsnachlese große Auswahl von Lebensmittel bis Fanartikel.

A	A
Anlasser	starter
Antriebskette	pogon lanca
Antriebswelle	pogonska osovina
Auspuff	ispušni
B	B
Batterie	baterija
Benzinleitung	linija za gorivo
Benzinpumpe	benzinska pumpa
Benzinfilter	filtar za gorivo
Blinklicht	pokazivač smjera
Bremse	kočnica
Bremslicht	crveno signalno svjetlo
D	D
Dichtung	pečat
Drehzahlmesser	brojač okretaja
Düse	nos
E	E
Einspritzung	ubrizgavanje
F	F
Fahrgestell Felge	rim šasije
Fühlerlehre	detektora
Fußraste	oslonac za noge
Fußschalthebel	pedala
G	G
Gabel	viljuška
Gasgriff	gas
Gepäckträger	porter
Getriebe	zupčanik
H	H
Hauptständer	glavni stalak
Helm	kaciga
Hinterrad	stražnji kotač
K	K
Kardan	kardan
Kickstarter	kick-starter
Kolben	klip
Kolbenring	klipni prsten
Kraftstofftank	spremnik za gorivo
Kühler	hladnjak
Kupplung	spojka
Kupplungshebel	poluga spojke
Kurbelgehäuse	karter
Kurbelwelle	radilica
L	L
Lenkung	upravljanje
Lenker	upravljači
Lenkhebel	poluga za upravljanje
Lichtmaschine	alternator
Luftfilter	filter zraka
M	M
Motor	motor
Mutter	orašasto voće
N	N
Nockenwelle	bregasta osovina
O	O
Ölablassschraube	vijak za ispuštanje ulja
Ölfilter	filter ulja
Ölpumpe	pumpa ulja
Ölwechsel	zamjena ulja
P	P
Pleuel	šipke
R	R
Regler	regulator
Reifen	guma
Reifenpanne	eksplozija
Reifenwechsel	promjena guma
Reparatur	popravak
Rücklicht	stražnje svjetlo
Rückspiegel	retrovizor
S	S
Schalldämpfer	prigušivač
Scheinwerfer	svjetla
Schlauch	crijevo
Schraube	vijak
Schraubenschlüssel (13er)	wrench (veličina 13)
Schraubendreher	odvijač
Sicherung	rezerva
Steuerkette	razvodnog lanca
Stoßdämpfer	amortizer
V	V
Ventil	ventil
Vergaser	rasplinjač
Verkleidung	oblaganje
W	W
Werkzeug	alat
Z	Z
Zahnriemen	timing
Zündkerze	svjećica
Zündspule	namotaj
Zündung	paljenje
Zylinder	cilindar
Zylinderkopf	glava motora

Lust auf ... noch mehr Touren?

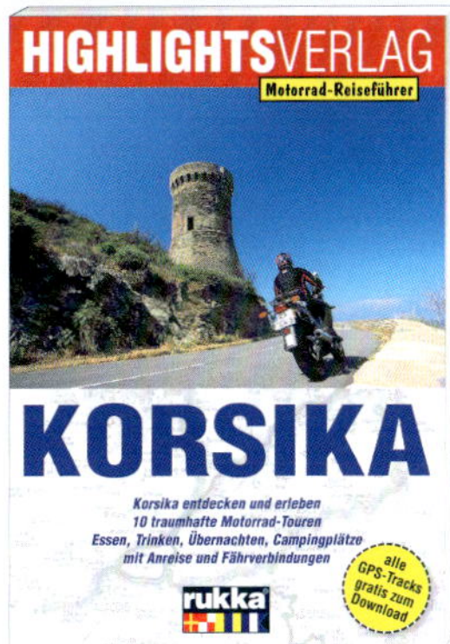

Trailer
auf YouTube

Highlights-Verlag TV

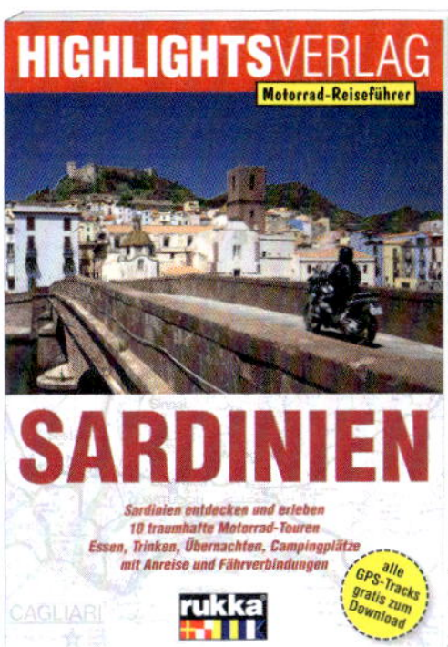

www.highlights-verlag.de

IMPRESSUM

Motorrad-Reiseführer:
KROATIEN

erscheint im Highlights-Verlag
Harasim und Schempp GbR
Talsperrenstr. 112
53881 Euskirchen

info@highlights-verlag.de
www.highlights-verlag.de

Herausgeber:
Sylva Harasim und Martin Schempp
in Zusammenarbeit mit RUKKA

Texte: Christoph Berg

3. Auflage 2023

ISBN 978-3-933385-82-6

Fotos:
Titel: Makarska Riviera
Rückseite: oben li: Insel Pag, oben re: Brela, unten li: Dubrovnik, unten re: Sveti Jure
alle Fotos: Christoph Berg, außer S. 89 Nr. 1, 2, 5 Sylva Harasim

Karten:
Marco Polo 1:300.000
© Falk Verlag, D-73760 Ostfildern

Gestaltung: Sylva Harasim

Druck und Bindung:
Silberdruck OHG, 34253 Lohfelden
